Ein Wolf's Buch

Rogér Wolf

Metros - U-Bahnen - Subways

Mit Grafiken und Bildern
von
Rogér Wolf
und
Bodo M. Wolf

Ein Buch aus dem
Wolf 's-Verlag Berlin

Bibliografische Information Der Deutschen Bibliothek:

Die Deutsche Bibliothek verzeichnet diese Publikation in der Deutschen Nationalbibliografie; detaillierte bibliografische Daten sind im Internet über <http://dnb.ddb.de> abrufbar.

ISBN 3-86164-022-8

Wolf 's-Verlag Berlin
1. Auflage 2004

Printed in Germany

Das gesamte Werk ist im Rahmen des Urheberrechts geschützt. Jegliche vom Verlag nicht genehmigte Verwertung ist unzulässig. Dies gilt auch für die Verbreitung durch Film, Funk, Fernsehen, fotomechanische Wiedergabe, Tonträger jeder Art, elektronische Medien sowie für auszugsweisen Nachdruck und die Übersetzung.

Einband und Gestaltung: Evelyn Wolf
Satz und Bildverarbeitung: Wolf 's-Verlag Berlin
Herstellung: Books on Demand GmbH, Norderstedt

Inhaltsverzeichnis

Teil 1

Punkt	Inhalt	Seite
0.	Zum Titel	9
1.	Metros - U-Bahnen - Subways, Bedeutung und ihre Entwicklung	13
2.	Metro-, U-Bahn- und Subwaystädte der Welt	19
3.	Die Metros, U-Bahnen und Subways in den Städten	22
3.1.	Alma-Ata	24
3.2.	Amsterdam	27
3.3.	Ankara	30
3.4.	Antwerpen	33
3.5.	Athen	36
3.6.	Atlanta	39
3.7.	Baku	42
3.8.	Baltimore	45
3.9.	Bangkok	48

Punkt	Inhalt	Seite
3.10.	Barcelona	52
3.11.	Belo Horizonte	55
3.12.	Berlin	58
3.13.	Bilbao	64
3.14.	Bochum	67
3.15.	Bonn	70
3.16.	Boston	73
3.17.	Brasilia	76
3.18.	Brüssel	79
3.19.	Budapest	83
3.19.1.	Budapest I	84
3.19.2.	Budapest II	88
3.20.	Buenos Aires	92
3.21.	Buffalo	96
3.22.	Bukarest	99
3.23.	Bursa	103
3.24.	Caracas	106
3.25.	Catania	109
3.26.	Changchun	112
3.27.	Charkow	115
3.28.	Charleroi	118
3.29.	Chennai	122

Punkt	Inhalt	Seite
3.30.	Chicago	125
3.31.	Cleveland	129
3.32.	Detroit	132
3.33.	Dnepropetrowsk	135
3.34.	Donezk	138
3.35.	Dortmund	141
3.35.1.	Dortmund I	142
3.35.2.	Dortmund II	146
3.36.	Düsseldorf	150
3.37.	Duisburg	154
3.38.	Edmonton	157
3.39.	Essen	160
3.40.	Frankfurt am Main	163
3.41.	Fukuoka	167
3.42.	Genua	170
3.43.	Gelsenkirchen	172
3.44.	Glasgow	175
3.45.	Gorki	178
3.46.	Guadalajara	180
3.47.	Guangzhou	183
3.48.	Haifa	186
3.49.	Hamburg	189

Punkt	Inhalt	Seite
3.50.	Hannover	194
3.51.	Harbin	198
3.52.	Helsinki	201
3.53.	Herne	204
3.54.	Hiroshima	207
3.55.	Hongkong	210

0. Zum Titel

Bahnen des Nahverkehrssystems, vornehmlich Metros, U-Bahnen und Subways, sind Gegenstand der Betrachtungen in diesem Buch.

Auf allen Kontinenten, Afrika, Amerika, Asien, Australien und Europa, sind solche Bahnen entwickelt, konstruiert und gebaut worden.

Meist in den Großstädten, aber auch in kleinen, mitunter abgelegenen Siedlungen, wurden Verkehrssysteme installiert, die vergleichbar sind und als Metro, U-Bahn oder Subway bezeichnet werden.

In alphabetischer Reihenfolge wurden die bekannten Städte erfaßt, die in ihrem Nahverkehrssystem Metros, U-Bahnen oder Subways integriert haben.

Der Titel „Metros, U-Bahnen und Subways" wurde gewählt, weil der überwiegende Teil der zum gleichen Zweck betriebsmäßig eingesetzten technischen Geräte so bezeichnet wird.

Unter diesen Begriffen werden im allgemeinen schienengebundene Fahrzeuge verstanden, die zur Massenbeförderung von Personen im territorial begrenzten Raum dienen.

Bahnen, die sich nach diesen Kriterien zusammenfassen lassen, verkehren als Tunnelbahn, werden im Einschnitt, ebenerdig, teilweise im Straßenprofil oder auf Viadukten als Hochbahn geführt.

Die Bücher unter dem Titel „Metros, U-Bahnen und Subways" erscheinen in 3 Teilen.

Im Teil 1 sind die Metros, U-Bahnen und Subways der Städte des Alphabets von "A" für Alma-Ata in Kasachstan (Asien) bis einschließlich "H" wie Hongkong in China (Asien) erfaßt. Der Teil 2 beinhaltet gleiche Bahnen der Städte beginnend mit "I" für Incheon in Südkorea (Asien) bis "N" für Nürnberg in Deutschland (Europa). Im Teil 3 werden Metros, U-Bahnen und Subways der Städte beginnend mit "O" für Osaka in Japan (Asien) bis "Z" wie Zürich in der Schweiz (Europa) zusammengestellt.

Um kein rein wissenschaftliches Werk vorzulegen, wurde die Dokumentation mit vielen Bildern aufgelockert und bereichert. Damit wird zugleich auch die Gestaltung und Konstruktion der Fahrzeuge und anderer Einzelheiten zum Thema veranschaulicht.

Umfangreiche Literaturrecherchen sowie Angaben von Herstellern, Betreibergesellschaften und Stadtverwaltungen waren wesentliche Quellen des Materials zu diesem Buch. In Auswertung von Rundfunk-, Fernsehberichten und Fernsehdokumentationen sowie Artikeln in Zeitungen und Zeitschriften konnten weitere Informationen gewonnen werden.

Der größte Teil des Inhalts jedoch ist durch intensive Reisetätigkeit des Autors und des Bild-Autors vor Ort in Erfahrung gebracht worden. Nahezu 50 % der aufgeführten Städte wurden besucht und die dort im Personennahverkehr eingesetzten Metros, U-Bahnen und Subways erfaßt und dokumentiert. Die Ergebnisse sind Grundlage dieses Buches. Dennoch wird die Dokumentation nicht vollständig sein. Autor und Verlag sind deshalb für Hinweise, die den Kenntnisstand bereichern können, dankbar.

Da Autor und Bild-Autor nicht alle Angaben persönlich und im Detail überprüfen konnten, wird die Richtigkeit der Aufzeichnungen in dieser Dokumentation nicht in jedem Falle gewährleistet.

Bezüglich der Erfassung aller Bahnen (Metros, U-Bahnen, Subways) ist auf folgende Fakten zu verweisen:

Ständig werden Bahnnetze erweitert, neue errichtet, so daß die Vollständigkeit nur zum Zeitpunkt der Veröffentlichung dieses Buches angenommen wird.

Eine besondere Schwierigkeit bestand darin, aus der Fülle des Materials und der Informationen eine Systematik zu entwickeln, die es ermöglicht, die Bahnen in ihrer wesentlichen Charakteristik vergleichbar darzustellen.

So wie die verfügbaren Daten aufbereitet wurden ist eine Grundlage geschaffen worden, die es ermöglicht, nationale und internationale Vergleiche gleichartiger und/oder ähnlicher Verkehrssysteme und Verkehrstechniken mit gleichen und/oder ähnlichen Grundmerkmalen und Ansprüchen von Bahnen, wie sie in den verschiedenen Ländern dieser Erde als Metro, U-Bahn oder Subway bezeichnet werden, durchzuführen.

In den Aufzeichnungen wurden auch Seilbahnen, die nicht überwiegend touristischen Zwecken dienen, sondern als Verkehrsmittel für den innerstädtischen Personenverkehr eingesetzt sind, erfaßt.

Das betrifft die wohl älteste elektrisch getriebene Untergrundbahn der Welt in Istanbul (Türkei). Sie verkehrt als Seilbahn im Tunnel auf einer Streckenlänge von 573 m zwischen zwei Stationen und ist damit auch die kürzeste ihrer Art, die alle Anforderungen an ein Metro-System erfüllt. Die Streckenführung verläuft auf einer Neigung von 14,9 %. Vergleichbar ist diese Bahn mit der Standseilpendelbahn in Haifa (Israel). Sie wird auf einer Neigung von 15,5 % geführt. Dabei durchfährt sie eine Gesamtstrecke von 1750 m mit 6 Stationen. Ähnlich ist die Problematik der Metro der Linie 1 in Lausanne (Schweiz), sie fährt auf einer Länge von etwa 1800 m und 5 Stationen mit 12 bis 15 % Neigung als Zahnradbahn.

Diese Bahn unterscheidet sich von allen anderen dadurch, daß die antriebslosen Wagen für Fahrgäste von einem Motortriebwagen, der nicht zur Aufnahme von Fahrgästen vorgesehen und geeignet ist, bewegt werden.

Natürlich drängt sich die Frage auf, was ist eigentlich eine U-Bahn? Ist es eine Bahn, die, so wie der Name besagt, als Untergrundbahn unter dem Grund fährt oder geführt wird? Dann hat natürlich auch jede Straßenbahn, die an irgendeinem Teil ihrer Streckenführung unter Grund geführt wird, Anspruch darauf, als Untergrundbahn bezeichnet zu werden. Sei es auch nur, um an einer Kreuzung zur Verkehrsentflechtung eine Straße zu unterqueren. Oder dort, wo an einer Stelle der Streckenführung ein Haltepunkt unter Grund gelegt wurde, wie z.B. in Zürich.

Untergrundbahnen, in einigen Städten als Stadtbahn benannt, erheben zugleich den Anspruch auch als U-Bahn bezeichnet zu werden. So z.B. in Bonn und Köln. Wo liegt die Grenze? Wie ist die richtige Bezeichnung?

Besonders schwierig wird dies bei der Betrachtung der Nahverkehrssysteme in Berlin. Hier besteht neben der U-Bahn als eigenständiges Verkehrssystem mit einem selbständigen Verkehrsnetz die S-Bahn (Stadtbahn). Auch sie wird teilweise, insbesondere im Stadtzentrum, unter Grund geführt. Im Vergleich mit der U-Bahn und den Systemen anderer Städte erfüllt die Berliner S-Bahn ebenfalls die Anforderungen an ein U-Bahn-System. Dennoch werden in Berlin diese beiden Bahnen streng getrennt und unabhängig voneinander geführt und betrieben. Analogien lassen sich z.B. in Kopenhagen und anderen Städten finden. Streng genommen wäre eine Untergrundbahn dem Namen nach nur eine solche, wenn sie auf der ganzen Strecke, auf der sie verkehrt, unter Grund geführt wird. Wie z.B. in Alma-Ata, in Budapest auf der Földalatti-Linie, in Fukuoka und in Donezk. Dann gibt es aber nur sehr wenige, die diese Bedingungen erfüllen. Dennoch bleibt die Frage offen, wo liegen die Grenzen? Es ist müßig, darüber zu philosophieren.

1. Metros - U-Bahnen - Subways, Bedeutung und ihre Entwicklung

Das städtische Leben ist die künftige Lebensform für die Mehrzahl der Menschen auf der Welt.

Innerhalb der Städte gewinnt der Verkehr herausragende Bedeutung. Eine besondere Rolle im Verkehrswesens spielt der Stadtverkehr.

Die optimale Lösung zur Beförderung der Menschen innerhalb der Ballungsgebiete stellt seit mehr als einem Jahrhundert die Metro dar.

Staaten wie die USA, Großbritannien und Frankreich erfahren frühzeitig die volle Entfaltung neuer Produktionsweisen und damit zwangsläufig verbunden ein enormes Städtewachstum.

Um 1800 gab es in Europa nur 22 Großstädte mit über 100 000 Einwohnern. Im damaligen deutschsprachigen Raum waren es nur Berlin und Wien.

Die weltweit größten Städte um 1900 waren London mit 4,5 Mio., New York 3,4 Mio., Berlin 1,9 Mio. und Paris mit 1,7 Mio. Einwohnern. Zwangsläufig mußte der öffentliche Personennahverkehr in diesen Städten gelöst werden.

Im Ergebnis entstanden die Metros, U-Bahnen und Subways.

London war die Geburtsstadt der Metro. 1863 wurde die erste Tunnelstrecke durchfahren. Im Jahre 1874 folgte Istanbul, 1886 Liverpool und 1892 Chicago. 1896 wurden Untergrundbahnen (U-Bahnen) in Glasgow und Budapest in Betrieb genommen. Andere Städte folgten. Die Berliner U-Bahn beförderte 1902 ihre ersten Fahrgäste.

Gegenwärtig sind in etwa 170 Städten auf der Welt Metros, U-Bahnen oder Subways in Betrieb. In vielen Städten werden weitere geplant oder befinden sich in Bau. In einigen Städten wurde der Bau begonnen und wegen Geldmangels eingestellt, wie z.B. in Bratislava (Slowakei). Anders in Genua (Italien), hier wurde seit dem Jahre 1987 die Inbetriebnahme der Metropolitan angekündigt, doch bis zum Jahre 2003 ist sie nicht erfolgt.

Außerdem gibt es eine größere Anzahl ähnlicher Bahnen in verschiedenen Städten. Dabei handelt es sich um Schnellbahnvarianten, die als Mischtechnik bezeichnet werden können. Es sind meist Straßenbahnen oder straßenbahnähnliche Bahnen, die häufig in einem vom Straßenverkehr getrennten Gleisbereich und teilweise untertunnelt geführt werden. Aus Prestigegründen werden solche Stadt- und Straßenbahnen oft als U-Bahn bezeichnet.

Hierzu vergleichbare Bahnen, wie z.B. die Liestalbahn in der Schweiz (Bild 1), die dort zwischen Waldenburg und Liestal den Personenver-

Bild 1 - Die Liestalbahn (Schweiz)

kehr sicherstellt, aber den Anspruch einer Metro, U-Bahn oder Subway nicht erhebt, genauso wie die Bahn, die zwischen Inca und Palma auf Mallorca (Bild 2) verkehrt, werden in diesem Buch nicht näher beschrieben.

Bild 2 – Zug zwischen Inca und Palma auf Mallorca

Der Name Metro ist ein Londoner Kürzel und war der Firmenname einer Eisenbahngesellschaft. Er wurde in London durch den Begriff „Underground" ersetzt.

Im nordamerikanischen Sprachraum und in Japan dominiert der Begriff „Subway".

Im französischen und slawischen Sprachraum hat sich der Begriff „Metro" durchgesetzt. Er wird aber auch in Montreal, Sao Paulo, Budapest, Prag, Moskau und Washington D.C. sowie anderen Städten verwendet.

Im deutschsprachigen Raum hat er sich nicht bewährt. Hier gilt der Begriff „Untergrundbahn", umgangssprachlich „U-Bahn". Dies auch dort, wo oberirdische Streckenabschnitte, als Hochbahn, im Einschnitt oder ebenerdig, entstanden.

Im skandinavischen Sprachraum ist der Begriff „Tunnelbana" zu finden.

In spanisch sprechenden Ländern gilt die Bezeichnung „Subte".

Auf der Apenninenhalbinsel in Italien wird der Begriff „Metropolitana" verwendet.

Und in Griechenland heißt diese Bahn „o elektrikós".

Am häufigsten sind in Stadtplänen und im Stadtbild Bahnhöfe und Eingänge der Bahnen mit den Signets "M", "U" oder "T" versehen.

In den USA, z.B. in Boston und Europa, besonders in Deutschland (Bonn, Köln usw.), oder Belgien (Antwerpen) verkehren unterirdisch geführte Straßenbahnen.

Derartige Bahnen werden als „U-Straßenbahn" (Unterpflaster-Straßenbahn) bezeichnet.

Eine Besonderheit spielt die U-Bahn von Wien. Hier werden auf einigen Linien im Streckennetz U-Bahnwagen mit Straßenbahnen zu einer Zugeinheit zusammengekoppelt.

Als besonderes U-Bahnsystem ist die „Metro von Zermatt" (Schweiz), die als Seil- und Kabelbahn im Tunnel geführt wird, anzusehen.

Eine der beiden Metro-Linien in Lausanne (Schweiz) hat nur fünf Stationen und muß auf ihrer kurzen Strecke mehr als 200 Meter Höhenunterschied überwinden. Deshalb wird sie als Zahnradbahn betrieben. Die Spurtreue ist über Gleiskörper mit Stahlrädern und Stahlkranz gewährleistet.

Ein weiteres Kuriosum ist die Dorfbahn von Serfaus (Österreich), die als Luftkissen-U-Bahn an Seilen gleislos gezogen wird. Ähnliche Fördersysteme, allerdings nicht zur Personen- sondern zur Güterbeförderung, waren etwa um 1970 in Chicago (USA) in der Planung.

In einigen Städten, vor allem in den USA, verkehren Bahnen, die alle Anforderungen einer Metro, U-Bahn oder Subway erfüllen und als Mini-Metro-System bezeichnet werden. So z.b. in Detroit und Miami. Sie fahren in der Regel vollautomatisch und sind fahrerlos. Die Zugeinheit besteht meist nur aus einem oder zwei Wagen.

Die Schwebebahn von Wuppertal (Deutschland) ist streng genommen keine U-Bahn. Da sie in der Charakteristik aber mit einer Hochbahn vergleichbar wäre, wurde sie in den Teil 3 des vorliegenden Buches mit aufgenommen.

Andere Bahnen, die zwar den Metros, U-Bahnen und Subways gleichzusetzen sind, aber nur das Transportsystem innerhalb von Flughäfen vervollständigen und nur dort zur Personenbeförderung eingesetzt werden, wie z.b. die vollautomatisch funktionierende Ringbahn auf dem Flughafen von Fort Worth bei Dallas in Texas/USA, bleiben in dem vorliegenden Buch unberücksichtigt.

Werden in einer Stadt neben einer Metro, U-Bahn oder Subway, U-Straßenbahnen im öffentlichen Personennahverkehr eingesetzt, wie z.B. in Boston (USA), dann wird in dem vorliegenden Buch nur das Metro-, U-Bahn- oder Subwaysystem aufgeführt.

Während in der Regel die aufgeführten Städte über in sich abgeschlossene Verkehrssysteme der Metro, U-Bahn oder Subway verfügen, bestehen in Deutschland in einigen Regionen stadtgrenzenübergreifende Verkehrsverbundsysteme. So der Verkehrsverbund Rhein-Sieg mit den Städten Bonn und Köln. Andere Verbundsysteme bestehen zwischen den Städten

- Bochum, Herne und Gelsenkirchen,
- Essen und Mühlheim,
- Düsseldorf, Duisburg, Krefeld und Neuss.

Die meisten Bahnen fahren auf einem Gleiskörper als Zweischienenbahnen. Ihre Räder sind Stahlräder mit Stahlkranz.

Andere Bahnen, vor allem in Paris (Frankreich), Hiroshima (Japan) und Montreal (Australien), fahren auf gummibereiften Rädern. Die Spurtreue wird durch andere Gummiräder, die um 90 Grad gedreht angeordnet sind, sowie über Gleiskörper, Stahlräder mit Stahlkranz gesichert.

Einschienenbahnen, wie sie in Kitakyushu (Japan) bereits in Nutzung sind, werden entwickelt.

Die Stromzuführung zu den Antriebsaggregaten der Bahnen erfolgt im allgemeinen über Stromschienen, die zwischen dem Gleiskörper oder seitlich davon angeordnet sind. Andere Bahnen, wie auch die U-Straßenbahnen, werden über Oberleitungen stromtechnisch versorgt.

Metros, U-Bahnen und Subways werden ober- und/oder unterirdisch gebaut.

Oberirdisch sind Streckenführungen ebenerdig, im Einschnitt und/oder auf Viadukten üblich. Aber auch in Röhren, wie z.B. in Prag.

Untergrundbahnen verkehren als Tunnelbahnen in verschiedenen Tiefen. Sie können in offener Bauweise, in bergmännischer Bauweise oder im modernen Schildvortrieb errichtet werden.

Die größte Tiefe weist die Metro in Kiew auf. Zum Erreichen des Bahnsteiges sind in der schräg angelegten Tunnelröhre Rolltreppen eingebaut, die vom Eingang bis in die Tiefe von 140 Meter ohne Zwischenpodest führen.

2. Metro-, U-Bahn- und Subwaystädte der Welt

Lfd. Nr.	Stadt/Dorf	Land	Erdteil	Inbetriebnahme (Jahr)
1	Alma-Ata	Kasachstan	Asien	1997
2	Amsterdam	Niederlande	Europa	1977
3	Ankara	Türkei	Asien	1996
4	Antwerpen	Belgien	Europa	1975
5	Athen	Griechenland	Europa	1930
6	Atlanta	Georgia/USA	Amerika	1979
7	Baku	Aserbaidshan	Asien	1967
8	Baltimore	Maryland/USA	Amerika	1983
9	Bangkok	Thailand	Asien	2004
10	Barcelona	Spanien	Europa	1924
11	Belo Horizonte	Brasilien	Amerika	1987
12	Berlin	Deutschland	Europa	1902
13	Bilbao	Spanien	Europa	1995
14	Bochum	Deutschland	Europa	1979
15	Bonn	Deutschland	Europa	1975
16	Boston	Massachusetts USA	Amerika	1901
17	Brasilia	Brasilien	Amerika	2001
18	Brüssel	Belgien	Europa	1976
19	Budapest	Ungarn	Europa	1896/1970

Lfd. Nr.	Stadt/Dorf	Land	Erdteil	Inbetriebnahme (Jahr)
20	Buenos Aires	Argentinien	Amerika	1913
21	Buffalo	USA	Amerika	1984
22	Bukarest	Rumänien	Europa	1979
23	Bursa	Türkei	Asien	2002
24	Caracas	Venezuela	Amerika	1983
25	Catania	Italien	Europa	1999
26	Changchun	China	Asien	2002
27	Charkow	Ukraine	Europa	1975
28	Charleroi	Belgien	Europa	1983
29	Chennai	Indien	Asien	1997
30	Chicago	Illinois/USA	Amerika	1892
31	Cleveland	Ohio/USA	Amerika	1955
32	Detroit	Michigan/USA	Amerika	1987
33	Dnepropetrowsk	Ukraine	Europa	1991
34	Donezk	Ukraine	Europa	1997
35	Dortmund	Deutschland	Europa	1983/1992
36	Düsseldorf	Deutschland	Europa	1981
37	Duisburg	Deutschland	Europa	1992
38	Edmonton	Kanada	Amerika	1978
39	Essen	Deutschland	Europa	1977
40	Frankfurt/M.	Deutschland	Europa	1968/1980
41	Fukuoka	Japan	Asien	1981
42	Genua	Italien	Europa	
43	Gelsenkirchen	Deutschland	Europa	1990
44	Glasgow	Großbritannien	Europa	1896
45	Gorki	Rußland	Europa	1992
46	Guadalajara	Mexiko	Amerika	1989
47	Guangzhou	China	Asien	1999
48	Haifa	Israel	Asien	1959
49	Hamburg	Deutschland	Europa	1912
50	Hannover	Deutschland	Europa	1975
51	Harbin	China	Asien	1992

Lfd. Nr.	Stadt/Dorf	Land	Erdteil	Inbetrieb-nahme (Jahr)
52	Helsinki	Finnland	Europa	1982
53	Herne	Deutschland	Europa	1990
54	Hiroshima	Japan	Asien	1994
55	Hongkong	China	Asien	1979

Teil 2

Incheon bis Nürnberg

Teil 3

Osaka bis Zürich

3. Die Metros, U-Bahnen und Subways in den Städten

Die in diesem Kapitel angewendete Systematik ermöglicht nationale und internationale Vergleiche der Verkehrssysteme und Verkehrstechniken von Bahnen, wie sie in den verschiedenen Ländern dieser Erde als Metro, U-Bahn oder Subway bezeichnet werden. Dabei sind die vielen Abwandlungen aus den unterschiedlichen Sprachen, teils regionalen, mitunter aus dem Volksmund stammenden, Bezeichnungen nicht berücksichtigt.

Eine besondere Schwierigkeit bestand darin, aus der Fülle des Materials und der Informationen eine Systematik zu entwickeln, die es ermöglicht, die Bahnen in ihrer wesentlichen Charakteristik vergleichbar darzustellen.

Die Städte, in denen Metros, U-Bahnen und Subways verkehren, sind nach dem Alphabet aufgeführt. In diesem Teil 1 von A bis einschließlich H.

Ihre Zuordnung nach Kontinenten und das Jahr der ersten Inbetriebnahme der Bahnen spielte bei der Aufzählung eine untergeordnete Rolle.

Die Namen der Stationen sowie die Bezeichnungen von Linien der Bahnen oder die Namen und/oder Bezeichnungen von Strecken und Bahnen haben sich im Laufe der Jahre ihres Bestehens geändert.

So wurden z. B. in Berlin im Streckennetz die Linien mehrfach umbenannt. U. a. wurde die Linie E in Linie U5 geändert. Der Bahnhof Frankfurter Tor auf der Linie U5 hatte im Laufe der Jahre die Namen

- Petersburger Str.
- Bersarinstr.
- Frankfurter Tor
- Rathaus Friedrichshain

und dann wieder den Namen Frankfurter Tor bekommen.

In Budapest wurde die Linie der Földalatti in M1 und dann in Milleniumsbahn umbenannt. Heute sind alle drei Bezeichnungen üblich.

Auch in anderen Orten und Städten sind derartige Veränderungen und Unterschiede festzustellen. So wird z. B. die Bahn von Serfaus (Österreich) als Dorfbahn aber auch als U-Bahn bezeichnet.

Aufgrund dieser oft epochalen Namensänderungen kann in diesem Buch die richtige aktuelle Bezeichnung nicht in jedem Falle gewährleistet werden.

Die Streckenführungspläne sind in visueller Abstraktion dargestellt. Dadurch wurde erreicht, unwesentliches zu trennen und wegzulassen. Dem Betrachter wird so in eindeutiger Darstellung nur das markante, nämlich die Strecke mit ihren Haltepunkten verdeutlicht.

3.1. Alma-Ata

Das Nahverkehrssystem - Bahn - wird in Alma-Ata „Metro" genannt.

Inbetriebnahme 1997

Der Streckenplan

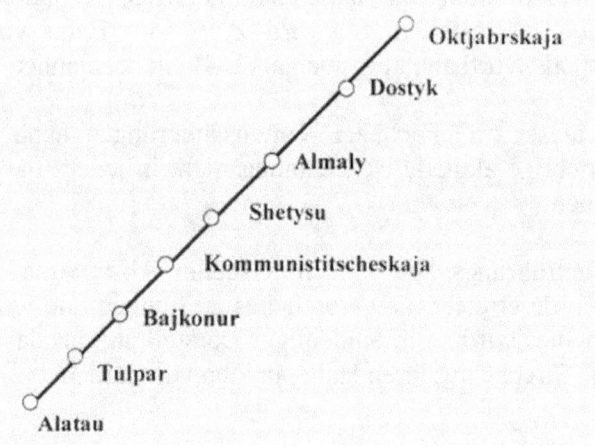

Bild 3 - Streckenplan der Metro von Alma-Ata

Strecke und Stationen

Die Metro in Alma-Ata fährt grundsätzlich als Tunnelbahn.

Bahnsteige:

Überwiegend Mittelbahnsteige.

Bahnsteiglänge:

etwa 100 m.

Stationsentfernungen:

durchschnittlicher Haltestellenabstand etwa 1185 m.

Technische Angaben

Fahrbetrieb:

Von einer Dispatcherzentrale erfolgt die Zugüberwachung mit Hilfe industrieller Fernsehanlagen. Jeden Zug begleitet ein Triebwagenführer. Er fährt nach Anweisung des Zugdispatchers, der die Anweisungen über Funksprechverkehr erteilt.

Fahrzeuge:

Es gibt Triebwagen und Motorwagen. Motorwagen verfügen über ein erhöhtes Platzangebot. Die Abmaße sind:

- 19,20 m lang,
- 2,70 m breit,
- 3,65 m hoch.

Die betriebsmäßig eingesetzten Züge bestehen aus 5 Wagen. Davon sind zwei Triebwagen und drei Motorwagen. Die Gesamtlänge des Zuges beträgt 96,00 m und ist für 1410 Fahrgäste ausgelegt.
Zeitweise werden auch Zugeinheiten aus nur 4 Wagen eingesetzt.
Alle Wagen haben Mittelgang und Seitensitze. Sie haben beidseitig vier Doppeltüren für den Fahrgastbetrieb.

Fahrenergie:

Gleichstrom, Fahrspannung 825 Volt.

Fahrspur:

1520 mm Spurweite.
Gleiskörper mit Stahlkranz befahrbar.

Fahrgeschwindigkeit:

Reisegeschwindigkeit etwa 40,0 km/h,
Höchstgeschwindigkeit 90,0 km/h.

3.2. Amsterdam

Das Nahverkehrssystem - Bahn - wird in Amsterdam „Metro" genannt.

Inbetriebnahme 1977

Der Streckenplan

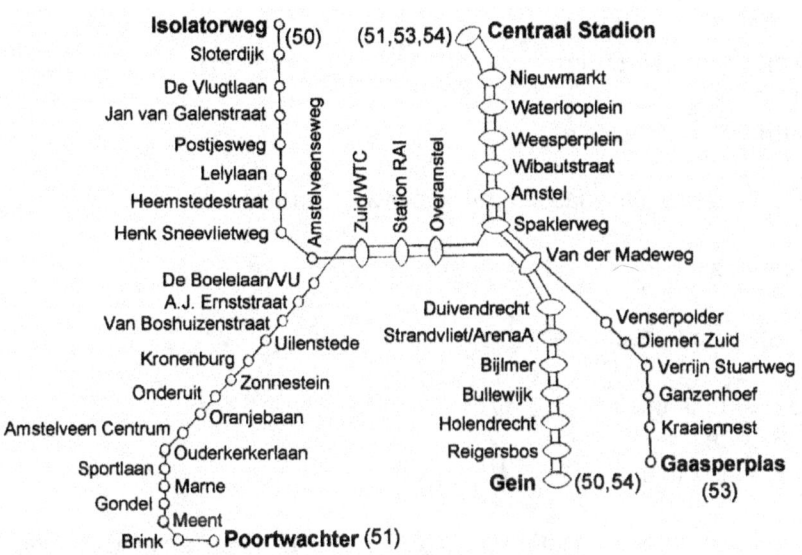

Bild 4 - Streckenplan der Metro von Amsterdam

Strecke und Stationen

- teilweise als Tunnelbahn,
- teilweise als Hochbahn.

Bahnsteige:

Überwiegend Mittelbahnsteige 7,00 bis 8,00 m breit.

Bahnsteiglänge:

155 m.

Stationsentfernungen:

- oberirdisch 800 bis 900 m,
- unterirdisch 1100 bis 1300 m.

Technische Angaben

Fahrbetrieb:

Überwiegend automatisch, mit Triebwagenführer.

Fahrzeuge:

Doppeltriebwagen

- 37,50 m lang,
- 3,00 m breit,
- 3,50 m hoch.

Der längste, betriebsmäßig eingesetzte, Zug kann aus vier Doppeltriebwagen bestehen. Seine Gesamtlänge beträgt 150 m und ist für 1200 Fahrgäste ausgelegt.
Die Wagen haben Mittelgang und Doppelsitze. Sie haben beidseitig drei Doppeltüren für den Fahrgastbetrieb.

Fahrenergie:

Gleichstrom, Fahrspannung 750 Volt.

Fahrspur:

1435 mm Spurweite.
Gleiskörper mit Stahlkranz befahrbar.

Fahrgeschwindigkeit:

durchschnittlich 32,0 km/h.
Höchstgeschwindigkeit 80,0 km/h.

Bild 5 – Metrozug
in der Station
Waterlooplein

Bild 6 – Metrozug
mit geöffneten
Doppeltüren

3.3. Ankara

Das Nahverkehrssystem - Bahn - in Ankara wird als „Metro"
bezeichnet.

Inbetriebnahme 1996

Der Streckenplan

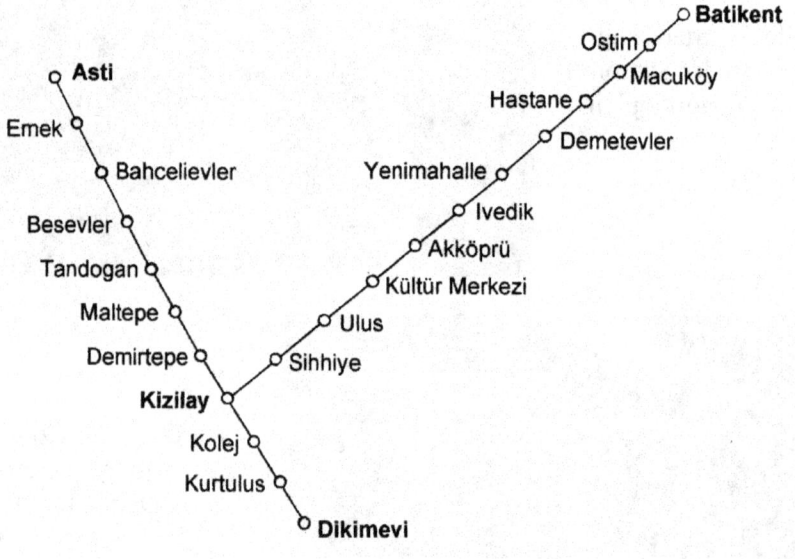

Bild 7 - Streckenplan der Metro von Ankara

Strecke und Stationen

- teilweise als Tunnelbahn,
- teilweise im Einschnitt,
- teilweise in Hochlage.

Bahnsteige:

Die Stationen haben Mittelbahnsteige.

Bahnsteiglänge:

140 m.

Stationsentfernungen:

durchschnittlich etwa 770 m.

Technische Angaben

Fahrbetrieb:

Überwiegend automatisch, mit Triebwagenführer.

Fahrzeuge:

Triebwagen

- 22,70 m lang,
- 3,20 m breit,
- 3,30 m hoch.

Der längste betriebsmäßig eingesetzte Zug besteht aus 6 Triebwagen. Seine Gesamtlänge beträgt 136,20 m. Ein solcher Zug ist für 920 Fahrgäste ausgelegt.
Die Wagen haben Mittelgang, Einzel- und Doppelsitze.

Sie haben beidseitig vier Doppeltüren für den Fahrgastbetrieb.

Fahrenergie:

Gleichstrom, Fahrspannung 750 Volt.

Fahrspur:

1435 mm Spurweite.
Gleiskörper mit Stahlkranz befahrbar.

Fahrgeschwindigkeit:

durchschnittlich 24,5 km/h.
Höchstgeschwindigkeit 70,0 km/h.

3.4. Antwerpen

Das Nahverkehrssystem - Bahn - wird in Antwerpen „Metro" genannt.

Inbetriebnahme 1975

Der Streckenplan

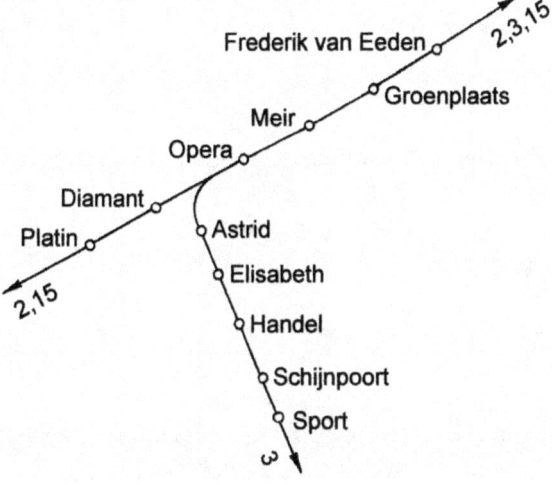

Bild 8 – Streckenplan des Tunnelabschnitts der Metro von Antwerpen

Strecke und Stationen

Die Metro fährt als Tunnelbahn und ebenerdig als Tram.

Bahnsteige:

Überwiegend Seitenbahnsteige.

Bahnsteiglänge:

95 m.

Stationsentfernungen:

Zwischen den Stationen beträgt der Abstand etwa 600 m.

Technische Angaben

Fahrbetrieb:

Überwiegend automatisch, mit Triebwagenführer (Ein-Mann-Betrieb).

Fahrzeuge:

Es werden Fahrzeuge verschiedener Hersteller mit gleichen Abmessungen eingesetzt. Die Maße sind:

- 14,00 m lang,
- 2,20 m breit,
- 3,08 m hoch.

Jeder Wagen kann 100 Fahrgäste aufnehmen.
Die Wagen haben Mittelgang, Einzel- und Doppelsitze. Sie haben einseitig zwei Doppeltüren für den Fahrgastbetrieb.

Fahrenergie:

Gleichstrom, Fahrspannung 600 Volt.

Fahrspur:

1000 mm Spurweite.
Gleiskörper mit Stahlkranz befahrbar.

Fahrgeschwindigkeit:

durchschnittlich 13,5 km/h.
Höchstgeschwindigkeit 60,0 km/h.

Bild 9 – Zug der Linie 3   Bild 10 – Zug der Linie 2

Bild 11 – Zug der Linie 15 in der Station Groenplaats

3.5. Athen

Das Nahverkehrssystem - Bahn - wird in Athen „o ilektrikós" genannt.

Inbetriebnahme 1930

Der Streckenplan

Bild 12 - Streckenplan der „o ilektrikós" von Athen

Strecke und Stationen

- überwiegend ebenerdig,
- teilweise in Hochlage,
- teilweise als Tunnelbahn.

Bahnsteige:

Seitenbahnsteige 4,00 m breit.

Bahnsteiglänge:

100 bis 110 m.

Stationsentfernungen:

durchschnittlich sind die Bahnhöfe 1360 m voneinander entfernt.

Technische Angaben

Fahrbetrieb:

Die Züge werden von zwei Personen bedient.

Fahrzeuge:

Drei verschiedene Fahrzeugtypen werden eingesetzt. Triebwagen und antriebslose Wagen werden nach Bedarf gekoppelt und verwendet. Das maximale Zugfassungsvermögen entspricht 900 Fahrgäste.
Es gibt Wagen mit Mittelgang und Doppelsitze. Diese sind beidseitig mit je drei Doppeltüren für den Fahrgastbetrieb ausgelegt. Andere Wagen haben Mittelgang und Längs-Sitzordnung. Diese sind beidseitig mit je zwei Doppeltüren ausgestattet.

Fahrenergie:

Gleichstrom, Fahrspannung 600 Volt.

Fahrspur:

1435 mm Spurweite.
Gleiskörper mit Stahlkranz befahrbar.

Fahrgeschwindigkeit:

durchschnittlich 35,0 km/h.
Streckengeschwindigkeit 80,0 km/h.

Bild 13 - Zug der Baureihe G I

Bild 14 - Zug der Baureihe G III

3.6. Atlanta

Das Nahverkehrssystem - Bahn - wird in Atlanta „Metro" genannt.

Inbetriebnahme 1979

Der Streckenplan

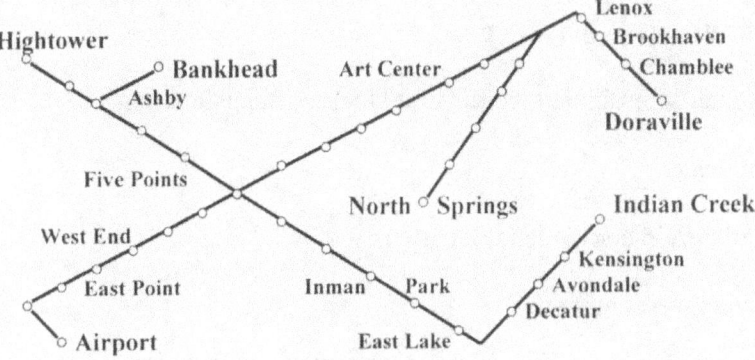

Bild 15 - Streckenplan der Metro von Atlanta

Strecke und Stationen

- überwiegend ebenerdig,
- teilweise in Hochlage,
- teilweise als Tunnelbahn.

Bahnsteige:

- teils Seitenbahnsteige,
- teils Mittelbahnsteige.

Bahnsteiglänge:

184 m.

Stationsentfernungen:

- durchschnittlich 1500 m,
- Innenstadtbereich durchschnittlich 685 m.

Technische Angaben

Fahrbetrieb:

Automatisch, Einmannbetrieb mit Überwachungsfunktion.

Fahrzeuge:

Es gibt drei verschiedene Bauarten.

Davon zwei Bauarten;

- 22,86 m lang,
- 3,20 m breit,
- 3,61 m hoch.

und eine Bauart;

- 22,95 m lang,
- 3,20 m breit,
- 3,61 m hoch.

Die Züge werden als 1-Wagen- oder Mehr-Wagen-Züge eingesetzt. Sie verfügen damit über Zuglängen von 22,86 m bis rund 183,00 m. Alle eingesetzten Wagen sind als Triebwagen mit Elektromotoren ausgestattet.
Die Wagen haben Mittelgang und Doppelsitze.

Fahrenergie:

Gleichstrom, Fahrspannung 750 Volt.
Gleiskörper mit Stahlkranz befahrbar.

Fahrgeschwindigkeit:

Reisegeschwindigkeit durchschnittlich 32,0 km/h,
Höchstgeschwindigkeit 114,0 km/h.

Bild 16 – Zug in der Station Kensington

3.7. Baku

Das Nahverkehrssystem - Bahn - wird in Baku „Metro" genannt.

Inbetriebnahme 1967

Der Streckenplan

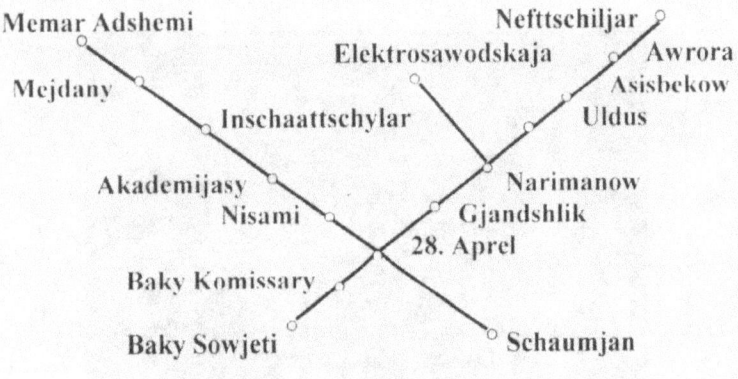

Bild 17 - Streckenplan der Metro von Baku

Strecke und Stationen

Die Metro in Baku fährt grundsätzlich als Tunnelbahn. Ausnahmen: Einer der Haltepunkte ist eine oberirdische Station und eine weitere Station befindet sich auf einer Brücke.

Bahnsteige:

Überwiegend Mittelbahnsteige.

Bahnsteiglänge:

etwa 100 m.

Stationsentfernungen:

durchschnittlicher Haltestellenabstand 1836 m.

Technische Angaben

Fahrbetrieb:

Von einer Dispatcherzentrale erfolgt die Zugüberwachung mit Hilfe industrieller Fernsehanlagen. Jeden Zug begleitet ein Triebwagenführer. Er fährt nach Anweisung des Zugdispatchers, der die Anweisungen über Funksprechverkehr erteilt.

Fahrzeuge:

Es gibt Triebwagen und Motorwagen. Motorwagen verfügen über ein erhöhtes Platzangebot. Die Abmaße sind:

- 19,20 m lang,
- 2,70 m breit,
- 3,65 m hoch.

Die betriebsmäßig eingesetzten Züge bestehen aus 5 Wagen. Davon sind zwei Triebwagen und drei Motorwagen. Die Gesamtlänge des Zuges beträgt 96,00 m. Eine solche Zugeinheit ist für 1410 Fahrgäste ausgelegt.
Die Wagen haben Mittelgang und Seitensitze. Sie haben beidseitig vier Doppeltüren für den Fahrgastbetrieb.

Fahrenergie:

Gleichstrom, Fahrspannung 825 Volt.

Fahrspur:

1520 mm Spurweite.
Gleiskörper mit Stahlkranz befahrbar.

Fahrgeschwindigkeit:

durchschnittlich 39,8 km/h,
Höchstgeschwindigkeit 90,0 km/h.

3.8. Baltimore

Das Nahverkehrssystem - Bahn - wird in Baltimore „Metro Subway" genannt.

Inbetriebnahme 1983

Der Streckenplan

Bild 18 - Streckenplan der Metro Subway von Baltimore

Strecke und Stationen

- überwiegend als Tunnelbahn,
- teilweise in Hochlage,
- teilweise ebenerdig.

Bahnsteige:

Überwiegend Mittelbahnsteige, teilweise Seitenbahnsteige.

Bahnsteiglänge:

ca. 140 m.

Stationsentfernungen:

durchschnittlicher Haltestellenabstand 2036 m.

Technische Angaben

Fahrbetrieb:

Jeder Zug wird von einem Triebwagenführer begleitet.

Fahrzeuge:

Alle Wagen sind Triebwagen. Sie haben die Maße:

- 22,90 m lang,
- 3,05 m breit,
- 3,35 m hoch.

Jeweils zwei Wagen sind fest miteinander gekoppelt. Es werden 2-, 4- oder 6 Wagen-Züge eingesetzt. Damit betragen die Zuglängen etwa 46,00 m, 92,00 m oder 138,00 m.

Je Wagen können 166 Fahrgäste befördert werden.
Während in der kleinsten Zugeinheit 332 Fahrgäste Platz finden, hat die größte eine Kapazität von 1296 Fahrgästen.
Die Wagen sind mit Mittelgang und Doppelsitzen ausgestattet.
Jeder Wagen verfügt beidseitig über drei Doppeltüren für den Fahrgastbetrieb.

Fahrenergie:

Gleichstrom, Fahrspannung 750 Volt.

Fahrspur:

1435 mm Spurweite.
Gleiskörper mit Stahlkranz befahrbar.

Fahrgeschwindigkeit:

Reisegeschwindigkeit 48,0 km/h,
Höchstgeschwindigkeit 113,0 km/h.

Bild 19 – Metro Subway in der Station West Cold Spring

3.9. Bangkok

Das Nahverkehrssystem - Bahn - wird in Bangkok „MRTA Subway" genannt.

Inbetriebnahme 2004

Der Streckenplan

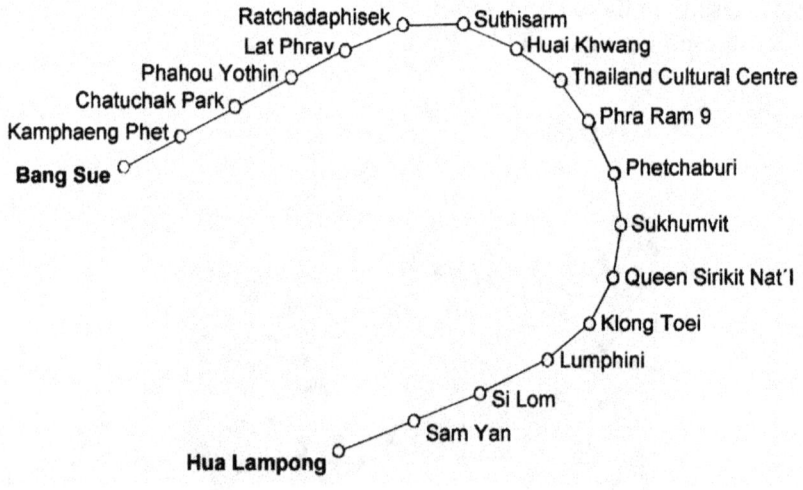

Bild 20 - Streckenplan der MRTA Subway von Bangkok

Strecke und Stationen

- teilweise als Tunnelbahn,
- teilweise in Hochlage,
- teilweise ebenerdig.

Bahnsteige:

- teilweise Mittelbahnsteige,
- teilweise Seitenbahnsteige.

Bahnsteiglänge:

ca. 140 m.

Stationsentfernungen:

durchschnittlicher Haltestellenabstand 1235 m.

Technische Angaben

Fahrbetrieb:

Die Züge fahren vollautomatisch, fahrerlos und werden von einer Zentrale aus überwacht und gesteuert.

Fahrzeuge:

Es gibt Motorwagen und antriebslose Wagen. Die Maße sind:

Motorwagen

- 21,800 m lang,
- 3,120 m breit,
- 2,800 m hoch.

antriebsloser Wagen

- 21,500 m lang,
- 3,120 m breit,
- 2,800 m hoch.

Die Züge werden zu 3-Wagen-Züge verbunden. Eine Zuglänge beträgt insgesamt 65,100 m.
Es sind Gliederzüge mit durchgehendem Mittelgang. Zwischen zwei Motorwagen ist ein antriebsloser Wagen gekoppelt.
In einem 3-Wagen-Zug sind maximal 1100 Fahrgäste zu befördern. Davon können 42 Fahrgäste auf Sitzplätzen Platz finden. Für die anderen Fahrgäste stehen Stehplätze zur Verfügung.
Die Wagen sind mit Mittelgang und Längssitzen ausgestattet.
Jeder Wagen verfügt beidseitig über vier Doppeltüren für den Fahrgastbetrieb.

Fahrenergie:

Drehstrom, Fahrspannung 750 Volt.

Fahrspur:

1435 mm Spurweite.
Gleiskörper mit Stahlkranz befahrbar.

Fahrgeschwindigkeit:

Reisegeschwindigkeit 35,0 km/h,
Höchstgeschwindigkeit 80,0 km/h.

Bild 21 – Zwei 3-Wagen-Züge bei der Bahnhofsein- und -ausfahrt

Bild 22 – Wageninneres, Mittelgang durch den Zug und Längssitze

3.10. Barcelona

Das Nahverkehrssystem - Bahn - wird in Barcelona „Metro", aber auch „Subte" genannt.

Inbetriebnahme 1924

Der Streckenplan

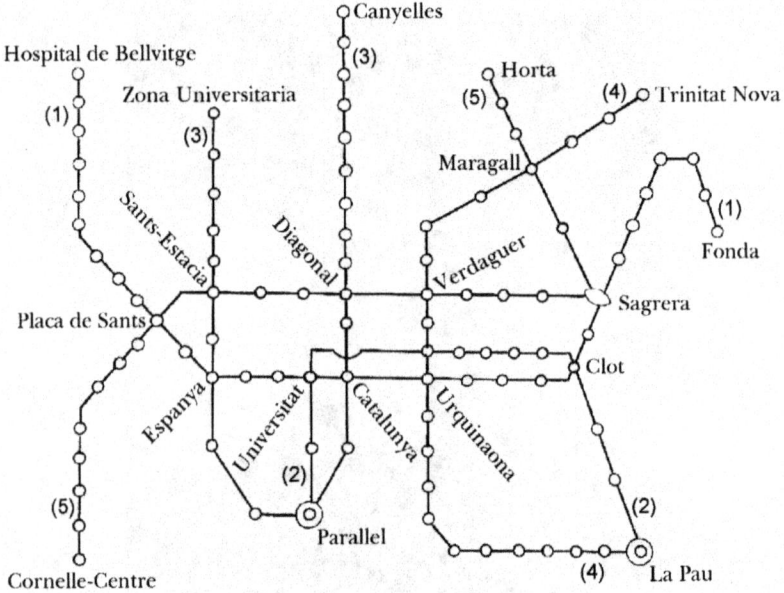

Bild 23 - Streckenplan der Metro/Subte von Barcelona

Strecke und Stationen

- überwiegend als Tunnelbahn,
- teilweise im Einschnitt.

Bahnsteige:

- überwiegend Mittelbahnsteige,
- teils Seitenbahnsteige.

Bahnsteiglänge:

Auf der Strecke mit Großprofil 82 bis 107 m lang.
Auf den Strecken mit Normalprofilen 95 m lang.
Eine Ausnahme bildet die Station Catalunya mit 210 m Länge.

Stationsentfernungen:

Auf der Strecke mit Großprofil etwa 710 m.
Auf den Strecken mit Normalprofil etwa 770 m.

Technische Angaben

Fahrbetrieb:

Überwiegend automatisch, mit Triebwagenführer.

Fahrzeuge:

Es gibt Triebwagen und antriebslose Beiwagen.
Die kleinste Zugeinheit bilden zwei miteinander gekoppelte Triebwagen. Als nächst größere Zugeinheit werden Drei-Wagen-Züge gefahren. Zu diesem Zweck wird zwischen zwei Triebwagen ein Beiwagen gekoppelt. Eine weitere Variation bilden Vier-Wagen-Züge. Hier werden jeweils zwei der kleinsten Zugeinheiten miteinander verbunden.

Die größtmögliche Zugeinheit wird aus einer Drei-Wagen-Zugeinheit und einer Zwei-Wagen-Zugeinheit zu einer Fünf-Wagen-Zugeinheit zusammengestellt.
Alle Wagen haben Mittelgang und Doppelsitze.
Wagen mit Großprofil haben beidseitig vier Doppeltüren für den Fahrgastbetrieb. Die Wagen mit Normalprofil sind beidseitig mit drei Doppeltüren für den Fahrgastbetrieb ausgestattet.

Fahrzeugabmessungen:

Großprofil

- 16,50 m lang,
- 3,10 m breit.

Normalprofil

- 16,50 m lang,
- 2,70 m breit.

Fahrenergie:

Im Großprofil Gleichstrom, Fahrspannung 1500 Volt.
Im Normalprofil Gleichstrom, Fahrspannung 1200 Volt.

Fahrspur:

Großprofil, 1672 mm Spurweite.
Normalprofil 1435 mm Spurweite.
Gleiskörper mit Stahlkranz befahrbar.

Fahrgeschwindigkeit:

durchschnittlich 27,5 km/h,
Höchstgeschwindigkeit 90,0 km/h.

3.11. Belo Horizonte

Das Nahverkehrssystem - Bahn - wird in Belo Horizonte „Metropolitano" genannt.

Inbetriebnahme 1987

Der Streckenplan

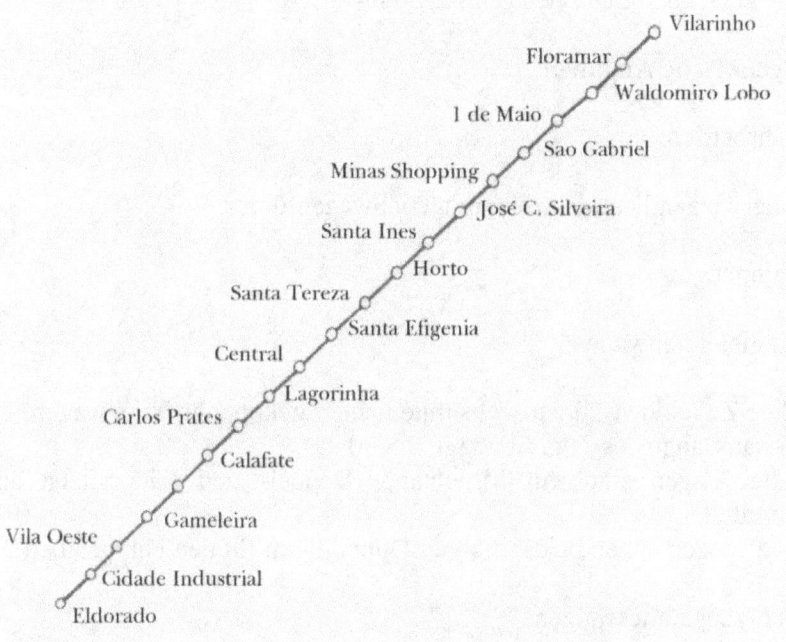

Bild 24 - Streckenplan der Metropolitano von Belo Horizonte

Strecke und Stationen

- teilweise als Tunnelbahn,
- überwiegend oberirdisch.

Bahnsteige:

- teilweise als Mittelbahnsteige,
- teilweise als Seitenbahnsteige.

Bahnsteiglänge:

etwa 180 m Länge.

Stationsentfernungen:

Zwischen den Stationen etwa 1500 m.

Technische Angaben

Fahrbetrieb:

Überwiegend automatisch, mit Triebwagenführer.

Fahrzeuge:

Es gibt Triebwagen.

Eine Zugeinheit bilden sechs miteinander gekoppelte Triebwagen. Die Gesamtlänge des Zuges beträgt 168,00 m.
Alle Wagen sind mit Mittelgang, Doppel- und Längssitzen ausgestattet.
Die Wagen haben beidseitig vier Doppeltüren für den Fahrgastbetrieb.

Fahrzeugabmessungen:

- 28,00 m lang,
- 2,65 m breit,
- 3,36 m hoch.

Fahrenergie:

Gleichstrom, Fahrspannung 1500 Volt.

Fahrspur:

1435 mm Spurweite.
Gleiskörper mit Stahlkranz befahrbar.

Fahrgeschwindigkeit:

durchschnittlich etwa 35,0 km/h,
Höchstgeschwindigkeit 90,0 km/h.

Bild 25 – Die Metropolitano von Belo Horizonte

3.12. Berlin

Das Nahverkehrssystem - Bahn - wird in Berlin „U-Bahn" genannt.

Inbetriebnahme 1902

Der Streckenplan

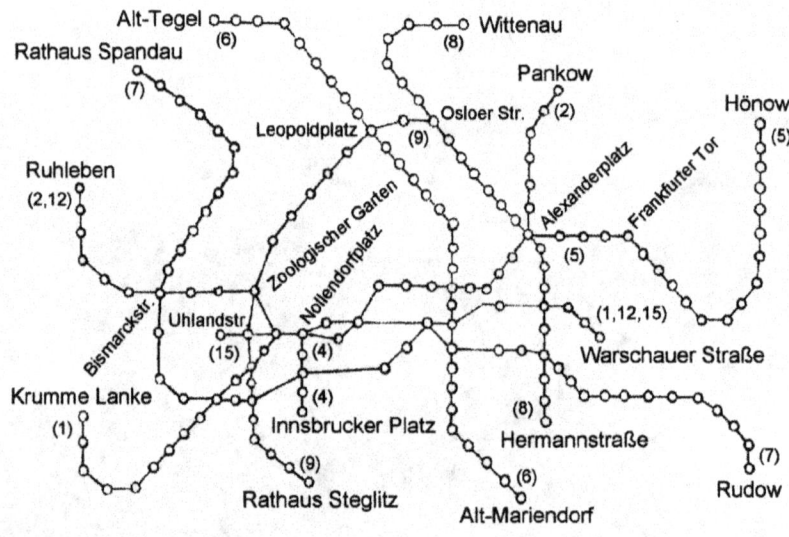

Bild 26 - Streckenplan der U-Bahn von Berlin

Strecke und Stationen

- teilweise als Tunnelbahn,
- teilweise als Hochbahn,
- auf einigen Abschnitten im Einschnitt,
- auf wenigen Abschnitten ebenerdig.

Bahnsteige:

- teils Mittelbahnsteige,
- teils Seitenbahnsteige.

Bahnsteiglänge:

Überwiegend etwa 110 m, teilweise 120 m.

Stationsentfernungen:

Kürzeste Entfernung etwa 600 m,
größte Entfernung etwa 1000 m.
Durchschnittliche Entfernung im Kleinprofil 770 m.
Durchschnittliche Entfernung im Großprofil 796 m.

Technische Angaben

Fahrbetrieb:

Überwiegend automatisch, mit Triebwagenführer. Der neue H-Zug, ein Gliederzug (Bild 31 und Titelbild), arbeitet vollautomatisch und kann fahrerlos gefahren werden. Züge im Kleinprofil sind teilweise mit einem Triebwagenfahrer und einem Begleiter besetzt.

Fahrzeuge:

Es werden neun verschiedene Fahrzeugtypen eingesetzt.
Dabei werden Triebwagen, Doppeltriebwagen und antriebslose Beiwagen unterschieden.

Die Anzahl der miteinander gekoppelten Wagen ist unterschiedlich. Sie richtet sich u.a. nach den zu befahrenden Strecken im Klein- oder Großprofil. Im Kleinprofil werden maximal acht Wagen zu einer Zugeinheit verbunden. Im Großprofil werden maximal sechs Wagen als Zugeinheit gefahren.
Die kleinste Zugeinheit bilden zwei miteinander gekoppelte Triebwagen. Solche Zwei-Wagen-Züge werden im Regelbetrieb nur auf der Linie U4 eingesetzt. Als nächst größere Zugeinheit werden zwei Doppeltriebwagen zu Vier-Wagen-Züge zusammen gefügt.
Im Großprofil werden als größtmögliche Zugeinheit drei Doppeltriebwagen zusammengestellt.
Beim Kleinprofil können zwei Triebwagen als kleinste Zugeinheit zu Zwei-Wagen-Zügen verbunden werden. Für größere Zugeinheiten können Triebwagen mit Beiwagen zu Zugeinheiten bis Acht-Wagen-Züge gekoppelt werden.
Alle Wagen haben Mittelgang. Es gibt welche mit Längssitzbänken, solche mit Längssitzbänken und Doppelsitzen und Wagen mit Doppelsitzen.
Wagen mit Großprofil haben beidseitig drei Doppeltüren für den Fahrgastbetrieb. Die Wagen mit Kleinprofil sind beidseitig mit zwei Doppeltüren für den Fahrgastbetrieb ausgestattet.
Im Kleinprofil können 88 Fahrgäste im Trieb- oder Beiwagen und im Doppeltriebwagen 219 Fahrgäste befördert werden. Im Großprofil können 394 bzw. 398 Fahrgäste je Doppeltriebwagen Platz finden.
Auf der Linie "U5" verkehren Gliederzüge. Sie sind die neuesten und modernsten der eingesetzten Bautypen im Großprofil.

Fahrzeugabmessungen:

Großprofil

Doppeltriebwagen

- 31,700 m bzw. 32,100 m lang,
- 2,650 m breit,
- 3,245 m hoch.

Kleinprofil

Triebwagen

- 12,130 m lang,
- 2,260 m breit,
- 3,180 m hoch.

Beiwagen

- 12,430 m lang,
- 2,260 m breit,
- 3,180 m hoch.

Doppeltriebwagen

- 25,660 m lang,
- 2,300 m breit,
- 3,180 m hoch

Doppeltriebwagen

- 25,660 m lang,
- 2,278 m breit,
- 3,190 m hoch.

Fahrenergie:

750 Volt Fahrleitungsgleichspannung.

Fahrspur:

Einheitlich bei Klein- und Großprofil 1435 mm Spurweite.
Gleiskörper mit Stahlkranz befahrbar.

Fahrgeschwindigkeit:

Streckenabhängig beträgt die Durchschnittsgeschwindigkeit 25,8 km/h bis 32,0 km/h.
Höchstgeschwindigkeit je nach Strecke 50,0 km/h bis 80,0 km/h.

Bild 27 – Triebwagen auf der Linie U6

Bild 28 – Zugausfahrt durch das Stellwerk/Warschauer Straße

Bild 29 – Zug auf der Linie U1, U12, U15 - Bahnhof Warschauer Str.

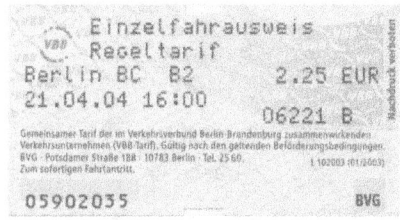

Bild 30 – Fahrschein der Berliner U-Bahn

Bild 31 – Innenansicht des neuen Gliederzuges auf der Linie U5

3.13. Bilbao

Das Nahverkehrssystem - Bahn - wird in Bilbao als „Metro" bezeichnet.

Inbetriebnahme 1995

Der Streckenplan

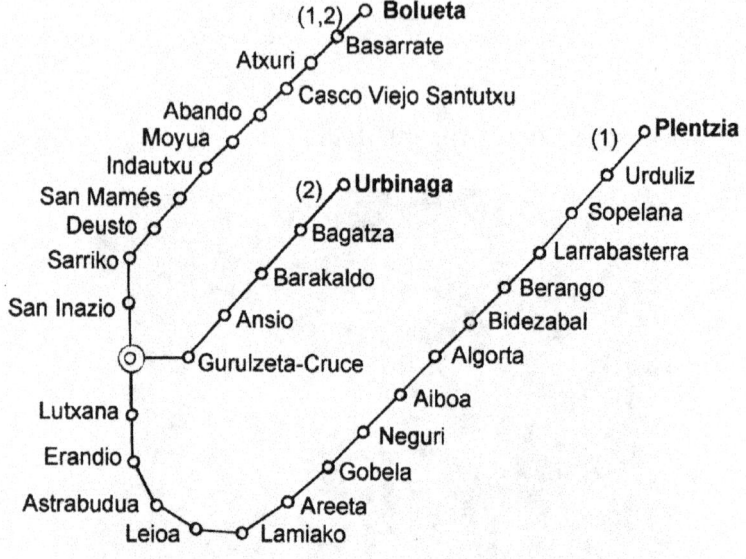

Bild 32 - Streckenplan der Metro von Bilbao

Strecke und Stationen

- teilweise als Tunnelbahn,
- teilweise oberirdisch.

Bahnsteige:

- teilweise Seitenbahnsteige 4,40 m breit,
- teilweise Mittelbahnsteige 7,60 m breit.

Bahnsteiglänge:

90 m.

Stationsentfernungen:

durchschnittlich etwa 1130 m.

Technische Angaben

Fahrbetrieb:

Überwiegend automatisch, mit Triebwagenführer.

Fahrzeuge:

Triebwagen und Beiwagen

- 28,00 m lang,
- 2,65 m breit,
- 3,36 m hoch.

Betriebsmäßig eingesetzte Züge bestehen aus zwei Trieb- und einem Beiwagen. Seine Gesamtlänge beträgt 84,00 m.
Jeder Wagen verfügt über 192 Plätze. Davon sind 120 Sitzplätze. Ein 3-Wagen-Zug ist für 576 Fahrgäste ausgelegt.

Die Wagen haben Mittelgang, Einzel- und Doppelsitze. Sie sind beidseitig mit je drei Doppeltüren für den Fahrgastbetrieb ausgestattet.

Fahrenergie:

Gleichstrom, Fahrspannung 1500 Volt.

Fahrspur:

1000 mm Spurweite.
Gleiskörper mit Stahlkranz befahrbar.

Fahrgeschwindigkeit:

durchschnittlich 37,0 km/h.
Höchstgeschwindigkeit 80,0 km/h.

Bild 33 – Metro in der Station San Inazio

3.14. Bochum

Das Nahverkehrssystem - Bahn - wird in Bochum „Stadtbahn" genannt.
Die Fahrzeuge und das Verkehrssystem erfüllen die Anforderungen sowohl einer Stadtbahn, wie auch die einer U-Bahn.

Inbetriebnahme 1979

Der Streckenplan

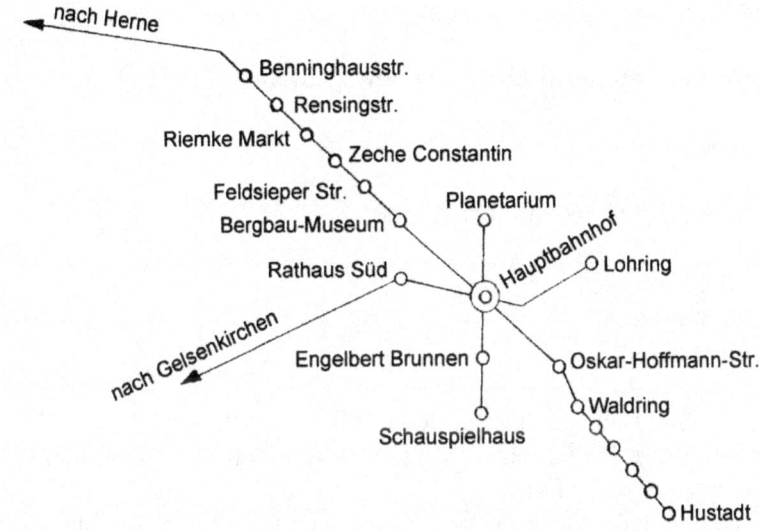

Bild 34 - Streckenplan der Stadtbahn/U-Bahn von Bochum

Strecke und Stationen

Die Bahn fährt als Tunnelbahn.

Bahnsteige:

- teilweise Mittelbahnsteige,
- teilweise Seitenbahnsteige.

Bahnsteiglänge:

95 m.

Stationsentfernungen:

durchschnittlich etwa 900 m.

Technische Angaben

Fahrbetrieb:

Überwiegend automatisch, mit Triebwagenführer.

Fahrzeuge:

Zweirichtungs-Gelenktriebwagen

- 27,50 m lang,
- 2,65 m breit,
- 3,08 m hoch.

Jeder Gelenktriebwagen kann etwa 180 Fahrgäste aufnehmen. Bis zu drei Fahrzeuge können einen Zugverband bilden. Damit werden etwa 540 Fahrgäste befördert.
Die Wagen haben Mittelgang, Einzel- und Doppelsitze. Sie haben beidseitig vier Doppeltüren für den Fahrgastbetrieb.

Fahrenergie:

Gleichstrom, Fahrspannung 660 Volt.

Fahrspur:

1000 mm Spurweite.
Gleiskörper mit Stahlkranz befahrbar.

Fahrgeschwindigkeit:

durchschnittlich 32,0 km/h.
Höchstgeschwindigkeit 70,0 km/h.

Bild 35 – Zug der Linie U35   Bild 36 - Zug der Linie 308

Bild 37 – U-Bahnhof Riemke Markt auf der Linie U35

3.15. Bonn

Das Nahverkehrssystem - Bahn - in Bonn ist eine „U-Straßenbahn".
Diese Bahn wird in Bonn auch als „Stadtbahn" bezeichnet.

Inbetriebnahme 1975

Der Streckenplan

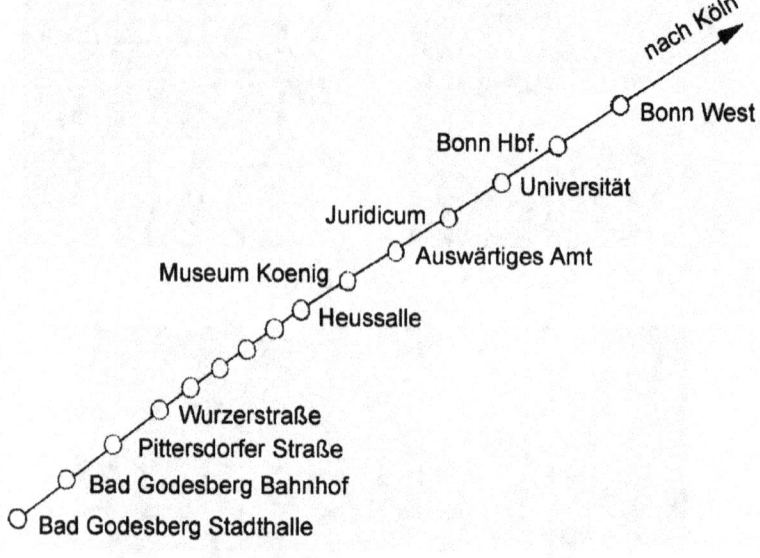

Bild 38 - Streckenplan der Stadtbahn/U-Bahn von Bonn

Strecke und Stationen

- überwiegend als Tunnelbahn,
- teilweise ebenerdig.

Bahnsteige:

- teilweise Seitenbahnsteige 3,50 m breit,
- teilweise Mittelbahnsteige 6,00 m breit.

Eine Ausnahme bildet die Station Hauptbahnhof. Hier ist der Mittelbahnsteig 9,00 m breit.

Bahnsteiglänge:

110 m.

Stationsentfernungen:

durchschnittlich etwa 540 m.

Technische Angaben

Fahrbetrieb:

Überwiegend automatisch, mit Triebwagenführer.

Fahrzeuge:

zweiteilige Zweirichtungs-Gelenktriebwagen

- 28,00 m lang,
- 2,65 m breit,
- 3,36 m hoch.

Der längste betriebsmäßig eingesetzte Zug besteht aus 2 zweiteiligen

Zweirichtungs-Gelenktriebwagen. Seine Gesamtlänge beträgt 56 m.
Ein solcher Zug ist für 564 Fahrgäste ausgelegt.
Die Wagen haben Mittelgang, Einzel- und Doppelsitze. Sie haben beidseitig zwei Einfach- und vier Doppeltüren für den Fahrgastbetrieb.

Fahrenergie:

Gleichstrom, Fahrspannung 750 Volt.

Fahrspur:

1435 mm Spurweite.
Gleiskörper mit Stahlkranz befahrbar.

Fahrgeschwindigkeit:

durchschnittlich 24,5 km/h.
Höchstgeschwindigkeit 70,0 km/h.

Bild 39 – Zug im Bahnsteig

3.16. Boston

Das Nahverkehrssystem - Bahn - wird in Boston „Subway" genannt.

Inbetriebnahme 1901

Der Streckenplan

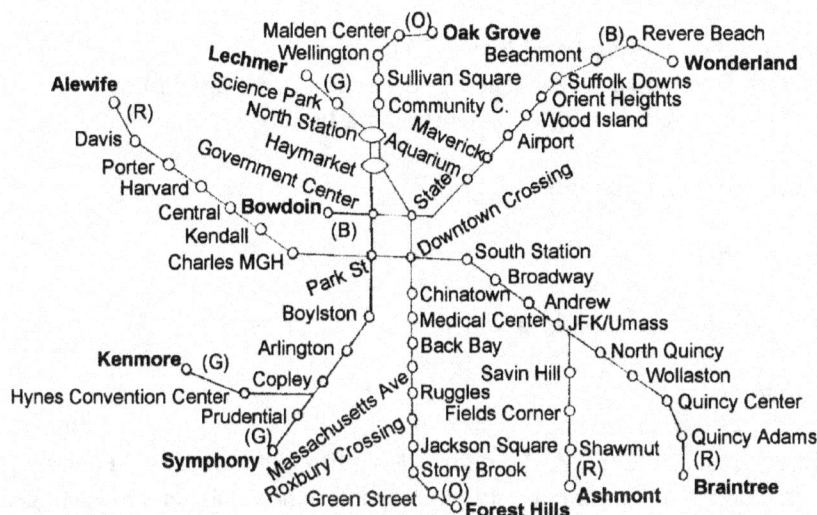

Legende: O – Orange Line, B – Blue Line,
R – Red Line, G – Green Line

Bild 40 - Streckenplan der Subway von Boston

Strecke und Stationen

- teilweise als Tunnelbahn,
- teilweise als Hochbahn,
- teilweise ebenerdig.

Bahnsteige:

Überwiegend Seitenbahnsteige, teilweise Mittelbahnsteige.

Bahnsteiglänge:

bis etwa 150 m.

Stationsentfernungen:

Der größte Stationsabstand ist 3175 m.
Der kleinste Abstand zwischen zwei Stationen beträgt 324 m.
Die durchschnittliche Stationsentfernung liegt bei 1300 m.

Technische Angaben

Fahrbetrieb:

Überwiegend automatisch, mit Triebwagenführer.

Fahrzeuge:

Entsprechend der zu befahrenden Strecke werden Fahrzeuge verschiedener Baureihen mit unterschiedlichen Längenabmessungen eingesetzt. Fahrzeuge mit folgenden Längen kommen zum Einsatz:

- 14,78 m lang,
- 19,81 m lang,
- 21,18 m lang,
- 21,64 m lang.

Der längste betriebsmäßig eingesetzte Zug kann aus 6 Wagen bestehen. Seine Gesamtlänge beträgt etwa 130 m und ist für ungefähr 1400 Fahrgäste ausgelegt.

Je nach Bedarf werden im Tagesverkehr Züge mit zwei und sechs Wagen eingesetzt. In Spitzenzeiten verkehren die Züge mit vier Wagen.
Die Wagen haben Mittelgang, Längssitze und Doppelsitze. Sie haben beidseitig drei Doppeltüren für den Fahrgastbetrieb.

Fahrenergie:

Gleichstrom, Fahrspannung 600 Volt.

Fahrspur:

1435 mm Spurweite.
Gleiskörper mit Stahlkranz befahrbar.

Fahrgeschwindigkeit:

Auf den Strecken mit kurzen Stationsabständen beträgt die Fahrgeschwindigkeit durchschnittlich 27,0 km/h.
Dagegen beträgt auf den Strecken mit größeren Stationsabständen die Durchschnittsgeschwindigkeit 39,0 km/h.

Bild 41 – Subway der Orange Line

3.17. Brasilia

Das Nahverkehrssystem - Bahn - wird in Brasilia „Metropolitano" genannt.

Inbetriebnahme 2001

Der Streckenplan

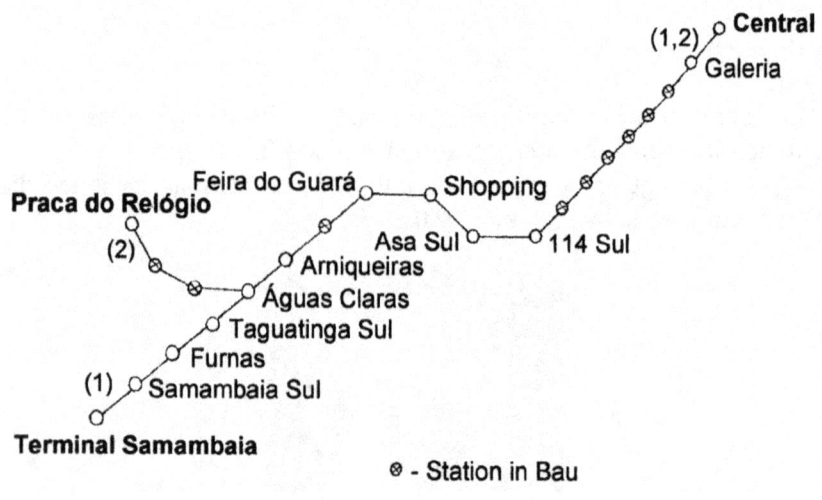

Bild 42 - Streckenplan der Metropolitano von Brasilia

Strecke und Stationen

- teilweise als Tunnelbahn,
- überwiegend oberirdisch.

Bahnsteige:

- teilweise als Mittelbahnsteige,
- teilweise als Seitenbahnsteige.

Bahnsteiglänge:

etwa 120 m Länge.

Stationsentfernungen:

Zwischen den Stationen etwa 1450 m.

Technische Angaben

Fahrbetrieb:

Überwiegend automatisch, mit Triebwagenführer.

Fahrzeuge:

Es gibt Triebwagen.

Fahrzeugabmessungen:

- 28,00 m lang,
- 2,65 m breit,
- 3,36 m hoch.

Eine Zugeinheit bilden vier miteinander gekoppelte Triebwagen. Alle Wagen sind mit Mittelgang, Doppel- und Längssitzen ausgestattet.

Die Wagen haben beidseitig vier Doppeltüren für den Fahrgastbetrieb.
Jeder Zug kann bis zu 1350 Fahrgäste befördern.

Fahrenergie:

Gleichstrom, Fahrspannung 1500 Volt.

Fahrspur:

1435 mm Spurweite.
Gleiskörper mit Stahlkranz befahrbar.

Fahrgeschwindigkeit:

durchschnittlich etwa 35,0 km/h,
Höchstgeschwindigkeit 90,0 km/h.

3.18. Brüssel

Das Nahverkehrssystem - Bahn - wird in Brüssel „Metro" genannt.

Inbetriebnahme 1976

Der Streckenplan

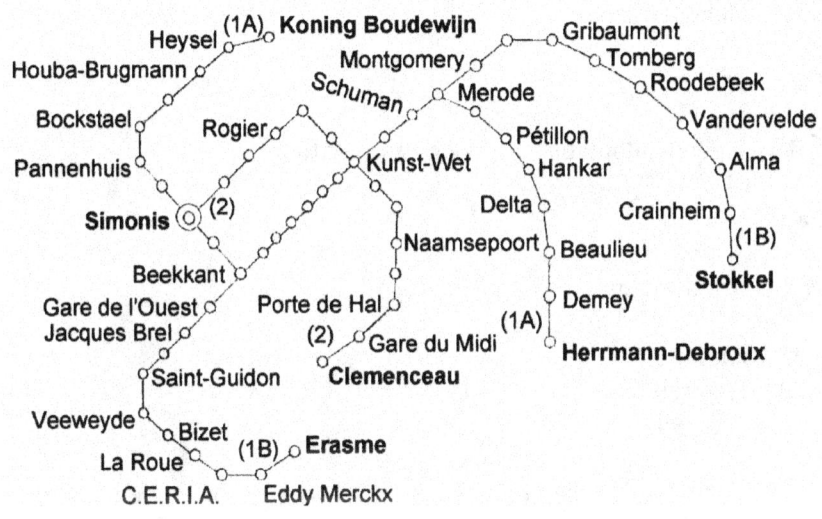

Bild 43 - Streckenplan der Metro von Brüssel

Strecke und Stationen

Die Metro von Brüssel fährt als Tunnelbahn.

Bahnsteige:

- überwiegend Mittelbahnsteige,
- teilweise Seitenbahnsteige.

Bahnsteiglänge:

95 m bis 110 m.

Stationsentfernungen:

etwa 600 m.

Technische Angaben

Fahrbetrieb:

Überwiegend automatisch, mit Triebwagenführer.

Fahrzeuge:

Doppeltriebwagen

- 36,40 m lang,
- 2,70 m breit,
- 3,55 m hoch.

Der Fahrzeugpark besteht aus Doppeltriebwagen. Es können ein, zwei und drei Einheiten gefahren werden. Der längste betriebsmäßig eingesetzte Zug kann aus drei Doppeltriebwagen bestehen. Seine Gesamtlänge beträgt 109,20 m. Jeder Wagen ist für 221 Fahrgästen ausgelegt.

Mit einer Zugeinheit von drei Doppeltriebwagen können maximal 1326 Fahrgäste befördert werden.
Die Wagen haben Mittelgang und Doppelsitze. Sie verfügen beidseitig über vier Doppeltüren für den Fahrgastbetrieb.

Fahrenergie:

Gleichstrom, Fahrspannung 900 Volt.

Fahrspur:

1435 mm Spurweite.
Gleiskörper mit Stahlkranz befahrbar.

Fahrgeschwindigkeit:

durchschnittlich 30,9 km/h.
Höchstgeschwindigkeit 80,0 km/h.

Bild 44 – Bahnhof mit interessanter Wandgestaltung

Bild 45 – Wageninnenraum mit Angabe des Platzangebotes von 177 Steh- und 44 Sitzplätzen sowie der Fahrzielangabe nach Stokkel auf der Linie 1B

Bild 46 – Eingangsbereich der Metro am Bahnhof Schuman

3.19. Budapest

Das Nahverkehrssystem - Bahn - hat in Budapest zwei verschiedene Namen. Die alte, ursprüngliche Bahn heißt „Földalatti". Das neue Bahnsystem wird „Metro" genannt. Ansprüche, die an eine Metro gestellt werden, erfüllen beide Systeme.

Die Földalatti wird im Metronetz als Linie M1 geführt. Auf den Linien M2 und M3 verkehrt die Metro.

Der Bahnhof „Deák Ferenc tér" ist der Kreuzungs- und Umsteigepunkt aller Linien.

Sowohl auf der Földalatti als auch bei der Metro werden die gleichen Fahrscheine verwendet. Ihre Geltungsdauer ist jedoch unterschiedlich.

Im System der Földalatti verliert ein Fahrschein nach dem Entwerten seine Gültigkeit nach dreißig Minuten. Auf den Linien M2 und M3 der Metro hat ein Fahrschein nach dem Entwerten eine Gültigkeit für eine Stunde.

Fahrschein zur Benutzung der Földalatti und der Metro

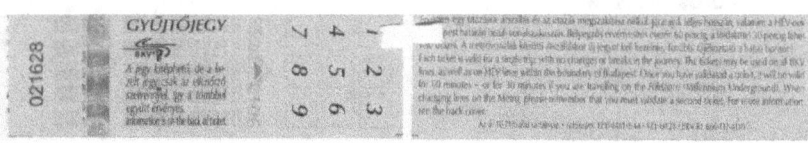

Bild 47 – Vorderseite   Bild 48 – Rückseite

3.19.1. Budapest I

Die „Földalatti" war die erste in Nutzung genommene Untergrundbahn im Nahverkehrssystem von Budapest.

Inbetriebnahme der Földalatti 1896,

Der Streckenplan

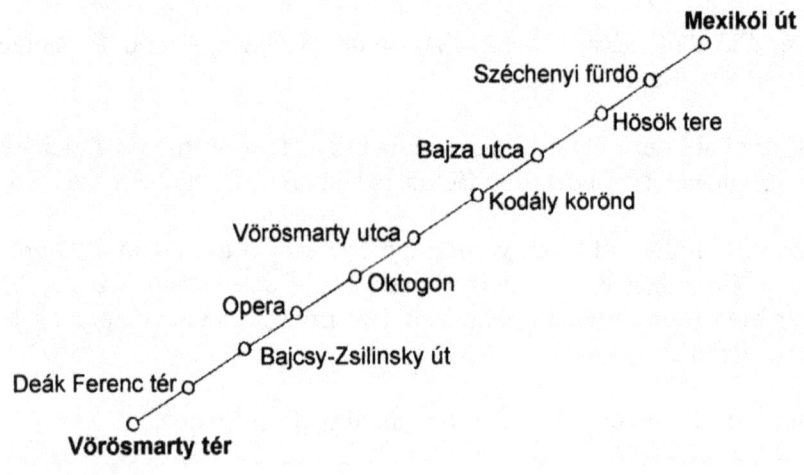

Bild 49 - Streckenplan der Földalatti (Linie M1) in Budapest

Strecke und Stationen

Die Földalatti fährt als Tunnelbahn.

Bahnsteige:

Alle Stationen haben Seitenbahnsteige. Sie sind 3,00 m breit.

Bahnsteiglänge:

- bei der Földalatti 31 m bis 40 m.

Stationsentfernungen:

durchschnittlich 470 m.

Technische Angaben

Fahrbetrieb:

Überwiegend automatisch, mit Triebwagenführer.

Fahrzeuge:

Dreiteilige Gliederzüge mit zwei Drehgestellen.

- 29,56 m lang,
- 2,22 m breit,
- 2,59 m hoch.

Der dreiteilige Gliederzug besteht aus zwei Triebwagen und einem antriebslosen Mittelteil.
Betriebsmäßig eingesetzte Züge weisen eine Zuglänge von 29,56 m auf.
Mit jedem Zug können 246 Fahrgäste befördert werden.
Die Wagen der Földalatti haben Mittelgang. An den Stirnseiten befinden sich Sitzbänke mit jeweils vier Sitzen. Zu beiden Seiten des Mittelganges sind Einzelsitze gegeneinander angeordnet.
Jeder Wagen des Gliederzuges ist beidseitig mit zwei Doppeltüren für den Fahrgastbetrieb ausgestattet.

Fahrenergie:

Gleichstrom, Fahrspannung 600 Volt.

Fahrspur:

1435 mm Spurweite.
Gleiskörper mit Stahlkranz befahrbar.

Fahrgeschwindigkeit:

Reisegeschwindigkeit durchschnittlich 24,0 km/h.
Höchstgeschwindigkeit 60,0 km/h.

Bild 50 – Bahnhof Vörösmarty tér   Bild 51 – Innenansicht eines Wa-
    auf der Linie   gens auf der Linie
    Földalatti/M1   Földalatti/M1

Bild 52 – Eingang zur Metro Földalatti/M1 am Bahnhof Vörösmarty tér in Fahrtrichtung Mexikói út

Bild 53 – Blick in den Bahnhof Bajcsy-Zsilinsky út der Földalatti/M1

Bild 54 – Ausfahrt eines Gliederzug der Metro Földalatti/M1

3.19.2. Budapest II

Das neue Nahverkehrssystem - Bahn - wird in Budapest „Metro" genannt.

Inbetriebnahme der Metro 1970.

Der Streckenplan

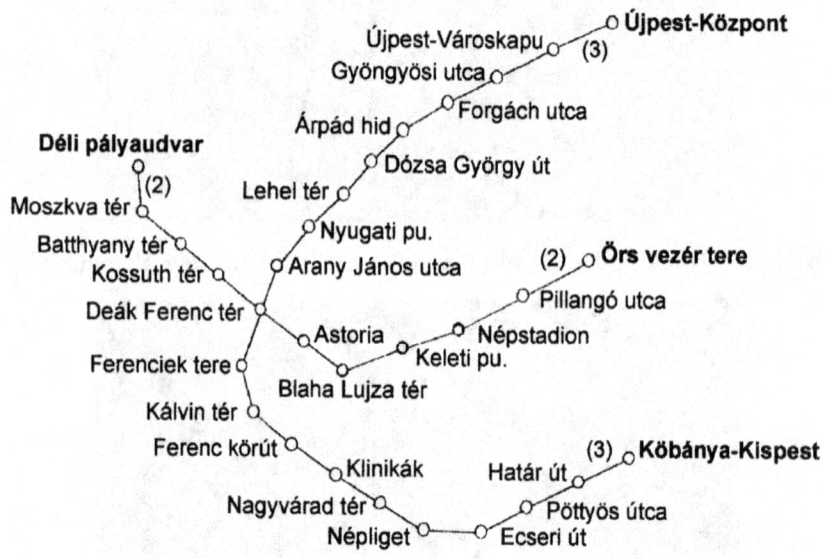

Bild 55 - Streckenplan der Metro (Linie M2 und M3) von Budapest

Strecke und Stationen

Die Metro fährt

- teilweise als Tunnelbahn,
- teilweise im Einschnitt,
- teilweise ebenerdig.

Bahnsteige:

- teilweise Mittelbahnsteige,
- teilweise Seitenbahnsteige.

Bahnsteiglänge:

- etwa 100 m und 120 m.

Stationsentfernungen:

- Linie 2 durchschnittlich 840 m,
- Linie 3 durchschnittlich 1010 m.

Technische Angaben

Fahrbetrieb:

Überwiegend automatisch mit Triebwagenführer, teilweise mit Beifahrer.

Fahrzeuge:

Triebwagen mit und ohne Führerstand.

- 19,21 m lang und 19,20 m lang,
- 2,67 m breit und 2,70 m breit,
- 3,66 m hoch und 3,64 m hoch.

Bei der Metro werden streckenabhängig Zugeinheiten aus fünf oder sechs Wagen gefahren.
Die Metro-Züge haben eine Gesamtlänge von etwa 96,00 m und von etwa 115,20 m. Jeder Wagen ist für etwa 180 Fahrgäste ausgelegt. Damit können in der Zugeinheit, die aus fünf Wagen besteht, etwa 900 Fahrgäste befördert werden. In der Zugeinheit mit sechs Wagen können etwa 1080 Fahrgäste Platz finden.
Die Wagen der Metro haben Mittelgang und Seitensitze. Sie haben beidseitig vier Doppeltüren je Wagen für den Fahrgastbetrieb.

Fahrenergie:

Gleichstrom, Fahrspannung 825 Volt.

Fahrspur:

1435 mm Spurweite.
Gleiskörper mit Stahlkranz befahrbar.

Fahrgeschwindigkeit:

Reisegeschwindigkeit durchschnittlich etwa 32,0 km/h.
Höchstgeschwindigkeit 90,0 km/h.

Bild 56 – Zugeinheit im Bahnhof   Bild 57 – Bahnhof Deák Ferenc tér

Bild 58 – Zug im Bahnhof der Metrolinie M2

Bild 59 – Jeder Bahnhof verfügt über Treppen und Fahrtreppen

Bild 60 – Wageninneres der Züge auf den Linien M2 und M3

3.20. Buenos Aires

Das Nahverkehrssystem - Bahn - wird in Buenos Aires „Subte" genannt.

Inbetriebnahme 1913

Der Streckenplan

Bild 61 - Streckenplan der Subte von Buenos Aires

Strecke und Stationen

Die Subte wird als Tunnelbahn betrieben.

Bahnsteige:

Überwiegend Seitenbahnsteige 3,00 und 4,00 m breit.
Einige Mittelbahnsteige.

Bahnsteiglänge:

Mindestlänge 100 m, maximale Bahnsteiglänge 132 m.

Stationsentfernungen:

durchschnittlich 630 m.

Technische Angaben

Fahrbetrieb:

Überwiegend automatisch, mit Triebwagenführer.

Fahrzeuge:

Entsprechend der zu befahrenden Strecke werden Fahrzeuge verschiedener Baureihen mit unterschiedlichen Längenabmessungen eingesetzt. Folgende Fahrzeuge kommen zum Einsatz:

Triebwagen

- 15,00 m lang,
- 2,60 m breit,
- 3,41 m hoch.

- 17,00 m lang,
- 3,20 m breit,
- 2,60 m hoch.

- 17,00 m lang,
- 2,60 m breit,
- 2,52 m hoch.

- 17,00 m lang,
- 2,60 m breit,
- 2,34 m hoch.

- 17,80 m lang,
- 2,60 m breit,
- 2,52 m hoch.

Beiwagen

- 17,00 m lang,
- 3,20 m breit,
- 2,60 m hoch.

Aufgrund der unterschiedlichen Energieversorgungssysteme und der unterschiedlichen Betreibergesellschaften werden unterschiedliche Fahrzeuge eingesetzt. Die Zuglängen bestehen aus 4 bis 6 Wagen.
Das Fassungsvermögen der Wagen ist unterschiedlich. Je Fahrzeugtyp können 192, 200, 202, 211 oder 212 Fahrgäste befördert werden. Die maximale Beförderungsmenge mit der größten Zugeinheit von 6 Wagen beträgt 1272 Fahrgäste. Die größte Gesamtlänge der Züge ist abhängig von der Fahrzeugart und beträgt zwischen 90,00 m und 106,80 m. Die Wagen haben Mittelgang und Seitensitze. Sie haben beidseitig zwei bzw. drei Doppeltüren für den Fahrgastbetrieb.

Fahrenergie:

Es gibt mehrere Linien mit unterschiedlicher Energieversorgung.

Eine Linie hat Gleichstrom, Fahrspannung 600 Volt.
Eine Linie hat Gleichstrom, Fahrspannung 1100 Volt.
Alle weiteren Linien haben Gleichstrom, Fahrspannung 1500 Volt.

Fahrspur:

Alle Linien verfügen über eine Spurweite von 1435 mm.
Die Gleiskörper sind mit Stahlkranz befahrbar.

Fahrgeschwindigkeit:

durchschnittlich 25,0 km/h.
Höchstgeschwindigkeit 80,0 km/h.

3.21. Buffalo

Das Nahverkehrssystem - Bahn - in Buffalo ist eine Form der in Europa bekannten „U-Straßenbahn".
Diese Bahn wird in Buffalo als „Subway" bezeichnet.

Inbetriebnahme 1984

Der Streckenplan

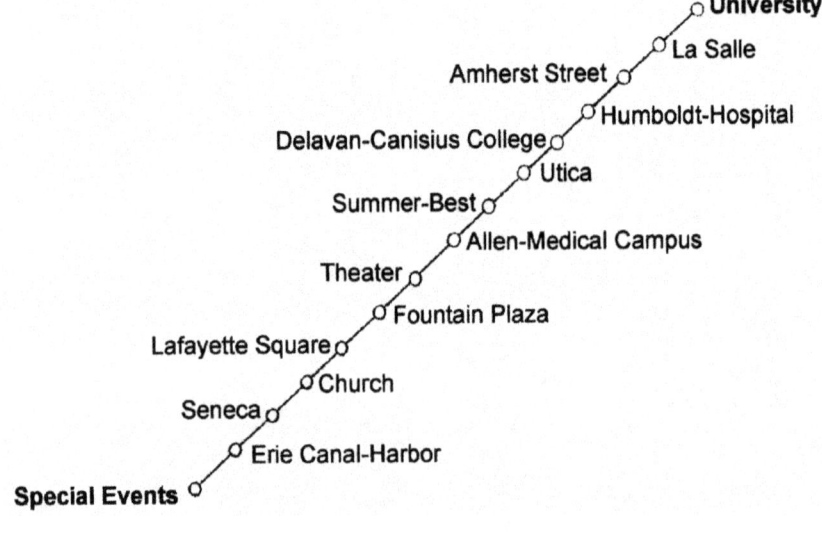

Bild 62 - Streckenplan der Subway von Buffalo

Strecke und Stationen

- überwiegend als Tunnelbahn,
- teilweise ebenerdig.

Bahnsteige:

- teilweise Seitenbahnsteige,
- teilweise Mittelbahnsteige.

Bahnsteiglänge:

etwa 90 m.

Stationsentfernungen:

durchschnittlich etwa 710 m.

Technische Angaben

Fahrbetrieb:

Überwiegend automatisch, mit Triebwagenführer.

Fahrzeuge:

zweiteilige Zweirichtungs-Gelenktriebwagen

- 28,00 m lang,
- 2,65 m breit,
- 3,36 m hoch.

Der längste betriebsmäßig eingesetzte Zug besteht aus 2 zweiteiligen Zweirichtungs-Gelenktriebwagen. Seine Gesamtlänge beträgt 56 m.
Ein solcher Zug ist für etwa 560 Fahrgäste ausgelegt.
Die Wagen haben Mittelgang, Einzel- und Doppelsitze.

Sie haben beidseitig zwei Einfach- und vier Doppeltüren für den Fahrgastbetrieb.

Fahrenergie:

Gleichstrom, Fahrspannung 750 Volt.

Fahrspur:

1435 mm Spurweite.
Gleiskörper mit Stahlkranz befahrbar.

Fahrgeschwindigkeit:

durchschnittlich etwa 25,0 km/h.
Höchstgeschwindigkeit 70,0 km/h.

3.22. Bukarest

Das Nahverkehrssystem - Bahn - wird in Bukarest „Metro" genannt.

Inbetriebnahme 1979

Der Streckenplan

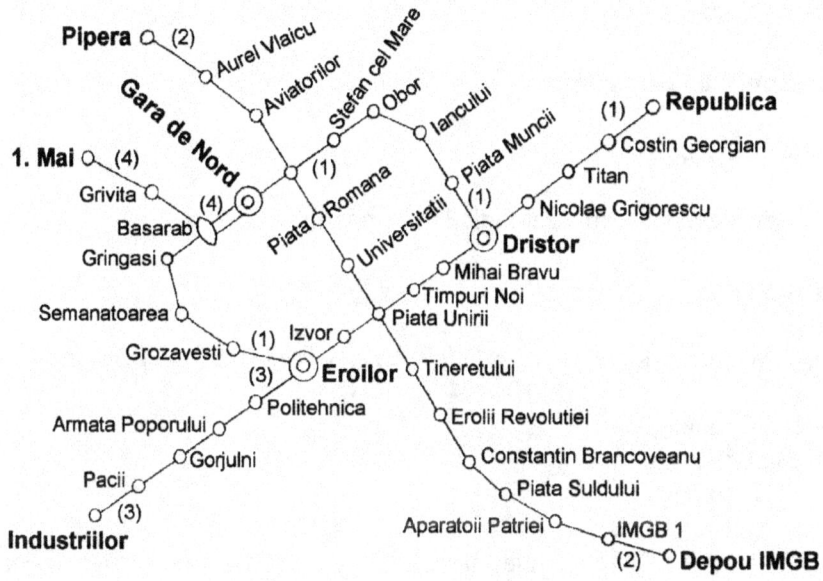

Bild 63 - Streckenplan der Metro von Bukarest

Strecke und Stationen

Die Metro fährt überwiegend als Tunnelbahn, nur teilweise ebenerdig.

Bahnsteige:

- teilweise Mittelbahnsteige 9,50 m bis 15,00 m breit,
- teilweise Seitenbahnsteige 3,40 m bis 5,70 m breit.

Bahnsteiglänge:

etwa 120 m.

Stationsentfernungen:

etwa 1500 m.

Technische Angaben

Fahrbetrieb:

Überwiegend automatisch, mit Triebwagenführer.

Fahrzeuge:

Der Wagenpark besteht ausschließlich aus Triebwagen. Diese sind:

- 18,60 m lang,
- 3,10 m breit,
- 3,45 m hoch.

Die kleinste Fahrzeugeinheit besteht aus zwei Triebwagen. Sie werden zu einem Doppeltriebwagen verbunden. Diese Fahrzeugeinheit erreicht eine Länge von 38,00 m.

Der längste betriebsmäßig eingesetzte Zug kann aus 3 Doppeltriebwagen bestehen. Seine Gesamtlänge beträgt 114,80 m und ist für 1200 Fahrgäste ausgelegt.
Die Wagen haben Mittelgang und Längssitzbänke an jeder Wagenseite. Sie haben beidseitig vier Doppeltüren für den Fahrgastbetrieb.

Fahrenergie:

Gleichstrom, Fahrspannung 825 Volt.

Fahrspur:

1435 mm Spurweite.
Gleiskörper mit Stahlkranz befahrbar.

Fahrgeschwindigkeit:

durchschnittlich 38,0 km/h.
Höchstgeschwindigkeit 100,0 km/h.

Bild 64 – Das Innere eines Metrowagens

Bild 65 – Am Eingang zur Metrostation Piata Unirii der Linie 1

Bild 66 – Metrozug im Bahnhof IMGB 1

Bild 67 – Ausfahrt aus dem Bahnhof IMGB 1

3.23. Bursa

Das Nahverkehrssystem - Bahn - in Bursa wird als „Metro" bezeichnet.

Inbetriebnahme 2002

Der Streckenplan

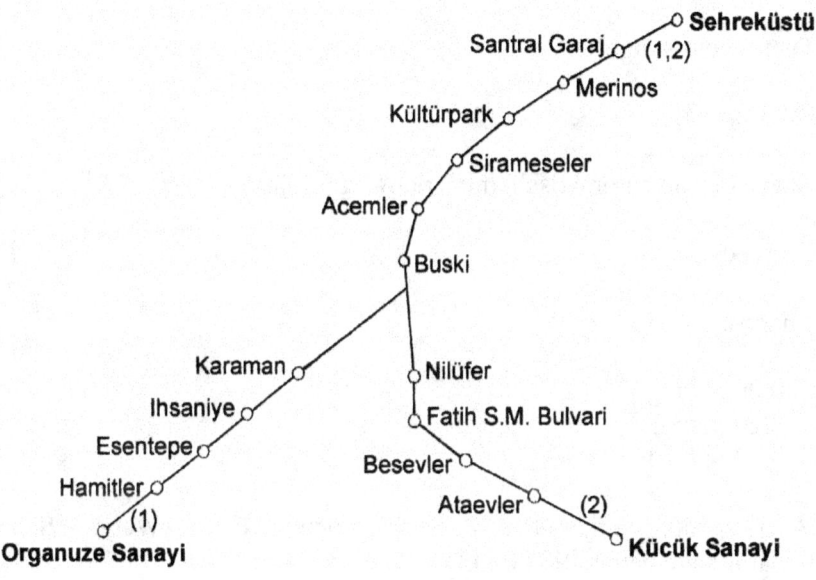

Bild 68 - Streckenplan der Metro von Bursa

Strecke und Stationen

- teilweise als Tunnelbahn,
- teilweise im Einschnitt,
- teilweise in Hochlage.

Bahnsteige:

Die Stationen haben Mittelbahnsteige.

Bahnsteiglänge:

120 m.

Stationsentfernungen:

durchschnittlich etwa 1000 m.

Technische Angaben

Fahrbetrieb:

Überwiegend automatisch, mit Triebwagenführer.

Fahrzeuge:

Triebwagen

- 30,00 m lang,
- 3,20 m breit,
- 3,30 m hoch.

Betriebsmäßig eingesetzte Züge bestehen aus drei Wagen. Seine Gesamtlänge beträgt 90,00 m.
Die Wagen haben Mittelgang, Einzel- und Doppelsitze. Sie haben beidseitig vier Doppeltüren für den Fahrgastbetrieb.

Fahrenergie:

Gleichstrom, Fahrspannung 1500 Volt.

Fahrspur:

1435 mm Spurweite.
Gleiskörper mit Stahlkranz befahrbar.

Fahrgeschwindigkeit:

durchschnittlich 26,5 km/h.
Höchstgeschwindigkeit 70,0 km/h.

3.24. Caracas

Das Nahverkehrssystem - Bahn - wird in Caracas „Metro" genannt.

Inbetriebnahme 1983

Der Streckenplan

Bild 69 - Streckenplan der Metro von Caracas

Strecke und Stationen

- überwiegend als Tunnelbahn,
- teilweise ebenerdig,
- teilweise in Hochlage.

Bahnsteige:

- teilweise Mittelbahnsteige,
- teilweise Seitenbahnsteige.

Bahnsteiglänge:

Alle Bahnsteige sind 183 m lang.

Stationsentfernungen:

Die durchschnittliche Entfernung zwischen den Stationen beträgt etwa 925 m.

Technische Angaben

Fahrbetrieb:

Überwiegend automatisch, mit Triebwagenführer.

Fahrzeuge:

Es gibt Triebwagen mit und ohne Führerstand. Sie haben alle die gleichen Abmessungen. Diese sind:

- 21,35 m lang,
- 3,05 m breit,
- 2,50 m hoch.

Es werden Züge mit 7 Fahrzeugen eingesetzt.

Ihre Gesamtlänge beträgt etwa 150 m.
Die Wagen haben Mittelgang und Längssitzbänke an jeder Wagenseite. Sie sind beidseitig mit vier Doppeltüren für den Fahrgastbetrieb ausgestattet.
In Fahrzeugen mit Führerstand finden 174 Fahrgäste Platz, in Fahrzeugen ohne Führerstand dagegen 180 Fahrgäste.
Das Fassungsvermögen eines aus sieben Fahrzeugen bestehenden Zuges beträgt etwa 1250 Fahrgäste.

Fahrenergie:

Gleichstrom, Fahrspannung 750 Volt.

Fahrspur:

1435 mm Spurweite.
Gleiskörper mit Stahlkranz befahrbar.

Fahrgeschwindigkeit:

durchschnittlich 30,0 km/h.
Höchstgeschwindigkeit 80,0 km/h.

3.25. Catania

Das Nahverkehrssystem - Bahn - wird in Catania „Metropolitana" genannt.

Inbetriebnahme 1999

Der Streckenplan

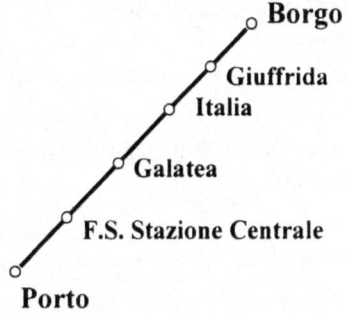

Bild 70 - Streckenplan der Metropolitana von Catania

Strecke und Stationen

- teilweise als Tunnelbahn,
- teilweise in Hochlage.

Bahnsteige:

- teilweise Mittelbahnsteige,
- teilweise Seitenbahnsteige.

Bahnsteiglänge:

Die Bahnsteige sind etwa 80 m lang.

Stationsentfernungen:

Die durchschnittliche Entfernung zwischen den Stationen beträgt 760 m.

Technische Angaben

Fahrbetrieb:

Überwiegend automatisch, mit Triebwagenführer.

Fahrzeuge:

Es gibt Triebwagen mit und ohne Führerstand. Sie haben alle die gleichen Abmessungen. Diese sind:

- 21,35 m lang,
- 3,05 m breit,
- 2,50 m hoch.

Es werden Züge mit 3 Fahrzeugen eingesetzt. Ihre Gesamtlänge beträgt 64,05 m.
Die Wagen haben Mittelgang und Längssitzbänke an jeder Wagenseite. Sie sind beidseitig mit vier Doppeltüren für den Fahrgastbetrieb ausgestattet.
In Fahrzeugen mit Führerstand finden 174 Fahrgäste Platz, in Fahrzeugen ohne Führerstand dagegen 180 Fahrgäste.

Das Fassungsvermögen eines aus drei Fahrzeugen bestehenden Zuges beträgt 528 Fahrgäste.

Fahrenergie:

Gleichstrom, Fahrspannung 750 Volt.

Fahrspur:

1435 mm Spurweite.
Gleiskörper mit Stahlkranz befahrbar.

Fahrgeschwindigkeit:

durchschnittlich etwa 30,0 km/h.
Höchstgeschwindigkeit 80,0 km/h.

Bild 71 - Zug der Metropolitana

3.26. Changchun

Das Nahverkehrssystem - Bahn - wird in Changchun „Loop Line" genannt.

Inbetriebnahme 2002

Der Streckenplan

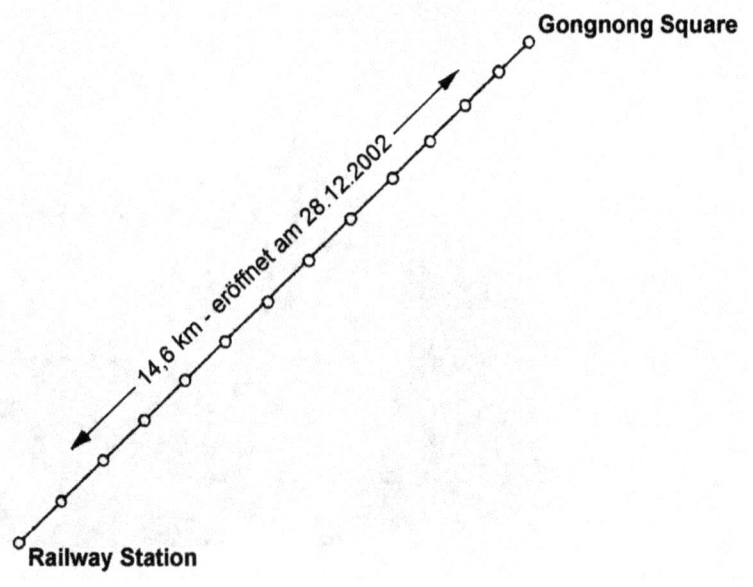

Bild 72 - Streckenplan der Loop Line von Changchun

Strecke und Stationen

- teilweise als Tunnelbahn,
- überwiegend als Hochbahn.

Bahnsteige:

- teils Mittelbahnsteige,
- teils Seitenbahnsteige.

Bahnsteiglänge:

etwa 130 m.

Stationsentfernungen:

durchschnittlich 1100 m.

Technische Angaben

Fahrbetrieb:

Überwiegend automatisch, mit Triebwagenführer.

Fahrzeuge:

Es werden Doppeltriebwagen eingesetzt.

Fahrzeugabmessungen:

- 32,100 m lang,
- 2,650 m breit,
- 3,245 m hoch.

Die Anzahl der miteinander gekoppelten Wagen ist unterschiedlich. Im Regelverkehr werden sechs Wagen als Zugeinheit gefahren.

D.h. die Zugeinheit besteht aus drei Doppeltriebwagen.
Für größere Zugeinheiten können vier Doppeltriebwagen zu Acht-Wagen-Zügen gekoppelt werden.
Alle Wagen haben Mittelgang. Sie sind mit Längssitzbänken ausgestattet.
Jeder Wagen ist beidseitig mit vier Doppeltüren für den Fahrgastbetrieb ausgerüstet.
Im Doppeltriebwagen finden 398 Fahrgäste Platz.

Fahrenergie:

750 Volt Fahrleitungsgleichspannung.

Fahrspur:

1435 mm Spurweite.
Gleiskörper mit Stahlkranz befahrbar.

Fahrgeschwindigkeit:

Durchschnittsgeschwindigkeit 32,0 km/h.
Höchstgeschwindigkeit 80,0 km/h.

3.27. Charkow

Das Nahverkehrssystem - Bahn - wird in Charkow „Metro" genannt.

Inbetriebnahme 1975

Der Streckenplan

Bild 73 - Streckenplan der Metro von Charkow

Strecke und Stationen

Die gesamte Strecke der Metro verläuft im Tunnel. Als Besonderheit ist dabei die Führung der Strecke an einem Fluß und dessen Seitenarmen. Um die Zuverlässigkeit der Betriebsführung auch im Winter zu gewährleisten und um die technischen Anlagen sowie die Fahrzeuge vor allen Witterungsunbilden zu schützen wurde die Strecke auf einer 988 m langen Brücke in Stahlbeton-Fertigteilen eingehaust.

Bahnsteige:

Überwiegend Mittelbahnsteige.

Bahnsteiglänge:

Auf verschiedenen Strecken 100 m und 120 m.

Stationsentfernungen:

durchschnittlich 1537 m.

Technische Angaben

Fahrbetrieb:

Überwiegend automatisch, mit Triebwagenführer.

Fahrzeuge:

Es gibt Triebwagen und Motorwagen. Motorwagen verfügen über ein erhöhtes Platzangebot. Die Abmaße sind:

- 19,20 m lang,
- 2,70 m breit,
- 3,65 m hoch.

Auf einer Strecke bestehen die betriebsmäßig eingesetzten Züge aus 5 Wagen. Davon sind zwei Triebwagen und drei Motorwagen.
Die Gesamtlänge des Zuges beträgt 96,00 m und ist für 1410 Fahrgäste ausgelegt.
Andere betriebsmäßig eingesetzte Züge bestehen aus 6 Wagen. Ihre Gesamtlänge ist 115,20 m. Hier ist das Platzangebot für 1692 Fahrgäste ausgelegt.
Alle Wagen haben Mittelgang und Seitensitze. Sie sind beidseitig mit vier Doppeltüren für den Fahrgastbetrieb ausgestattet.

Fahrenergie:

Gleichstrom, Fahrspannung 825 Volt.

Fahrspur:

1520 mm Spurweite.
Gleiskörper mit Stahlkranz befahrbar.

Fahrgeschwindigkeit:

durchschnittlich 42,2 km/h.
Höchstgeschwindigkeit 90,0 km/h.

3.28. Charleroi

Das Nahverkehrssystem - Bahn - in Charleroi ist eine „U-Straßenbahn".
Diese Bahn wird in Charleroi als „Metro" bezeichnet.

Inbetriebnahme 1983

Der Streckenplan

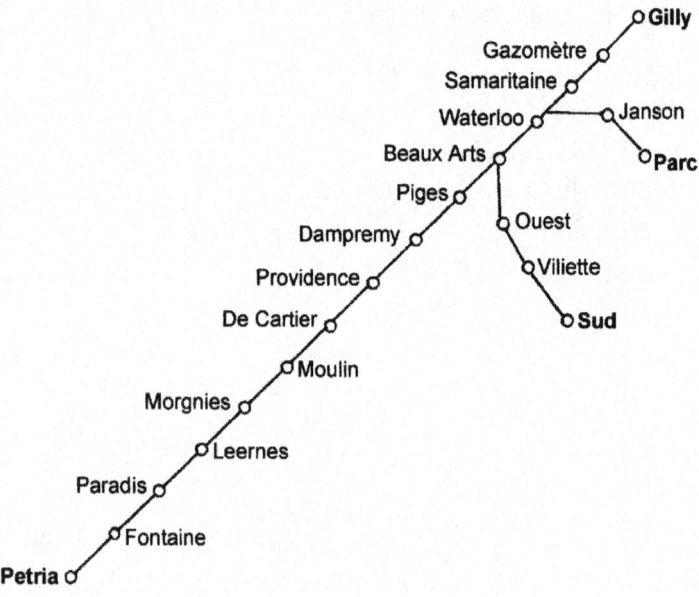

Bild 74 - Streckenplan der Metro von Charleroi

Strecke und Stationen

- teilweise als Tunnelbahn,
- teilweise ebenerdig.

Bahnsteige:

- teilweise Seitenbahnsteige,
- teilweise Mittelbahnsteige.

Bahnsteiglänge:

110 m.

Stationsentfernungen:

durchschnittlich etwa 1250 m.

Technische Angaben

Fahrbetrieb:

Überwiegend automatisch, mit Triebwagenführer.

Fahrzeuge:

zweiteilige Zweirichtungs-Gelenktriebwagen

- 28,00 m lang,
- 2,65 m breit,
- 3,36 m hoch.

Der längste betriebsmäßig eingesetzte Zug besteht aus 2 zweiteiligen Zweirichtungs-Gelenktriebwagen. Seine Gesamtlänge beträgt 56 m.
Ein solcher Zug ist für 564 Fahrgäste ausgelegt.
Die Wagen haben Mittelgang, Einzel- und Doppelsitze.

Sie haben beidseitig zwei Einfach- und vier Doppeltüren für den Fahrgastbetrieb.

Fahrenergie:

Gleichstrom, Fahrspannung 750 Volt.

Fahrspur:

1435 mm Spurweite.
Gleiskörper mit Stahlkranz befahrbar.

Fahrgeschwindigkeit:

durchschnittlich 24,5 km/h.
Höchstgeschwindigkeit 70,0 km/h.

Bild 75 – Metro von Charleroi Bild 76 – Innenansicht eines Zuges
        Linie 88   der Linien 54, 55, 88, 89

Bild 77 – Eingang zur Metrostation Waterloo

```
000598735000001310170604160718
A581    B2573    V78    09-1063
L7088 A R71 ZONE 07
17/06/04  16H07

3 BILLETS
3 ZONES
                    1.80E
TOTAL         5.40E

BON VOYAGE AVEC TEC CHARLEROI
```

```
002711088000002950170604150920
A711    B9777    V26    01-0920
L7649 A R71 ZONE 01
17/06/04  15H11

3 BILLETS
2 ZONES
                    1.20E
TOTAL         3.60E

BON VOYAGE AVEC TEC CHARLEROI
```

Bild 78 – Fahrschein für 3 Fahrgäste, Preis in Zone 3

Bild 79 – Fahrschein für 3 Fahrgäste, Preis in Zone 2

Bild 80 – Metrozug in der Station Beaux Arts

3.29. Chennai

Das Nahverkehrssystem - Bahn - wird in Chennai „Elevated Railway" genannt.

Inbetriebnahme 1997

Der Streckenplan

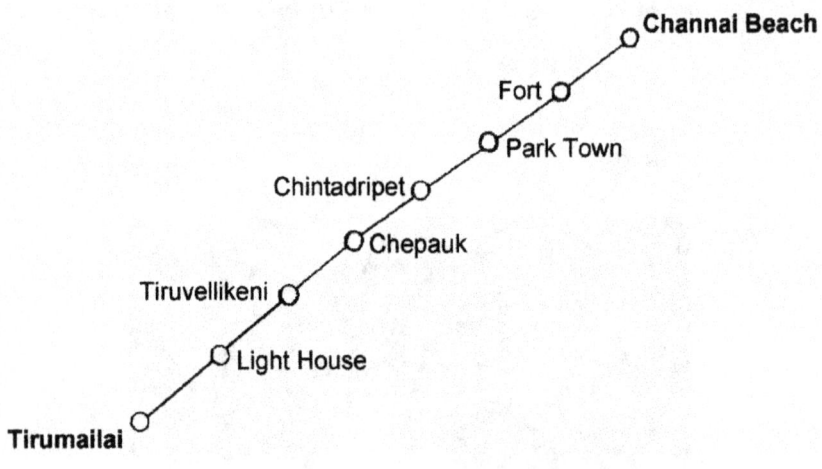

Bild 81 - Streckenplan der Elevated Railway von Chennai

Strecke und Stationen

- teilweise als Tunnelbahn,
- teilweise als Hochbahn.

Bahnsteige:

- teils Mittelbahnsteige,
- teils Seitenbahnsteige.

Bahnsteiglänge:

etwa 130 m.

Stationsentfernungen:

durchschnittlich 1125 m.

Technische Angaben

Fahrbetrieb:

Überwiegend automatisch, mit Triebwagenführer.

Fahrzeuge:

Es werden Doppeltriebwagen eingesetzt.

Fahrzeugabmessungen:

- 28,100 m lang,
- 2,650 m breit,
- 3,245 m hoch.

Die Anzahl der miteinander gekoppelten Wagen ist unterschiedlich. Im Regelverkehr werden sechs Wagen als Zugeinheit gefahren.

D.h. die Zugeinheit besteht aus drei Doppeltriebwagen.
Für größere Zugeinheiten können vier Doppeltriebwagen zu Acht-Wagen-Zügen gekoppelt werden.
Alle Wagen haben Mittelgang. Sie sind mit Längssitzbänken ausgestattet.
Jeder Wagen ist beidseitig mit vier Doppeltüren für den Fahrgastbetrieb ausgerüstet.
Im Doppeltriebwagen finden 390 Fahrgäste Platz.

Fahrenergie:

750 Volt Fahrleitungsgleichspannung.

Fahrspur:

1435 mm Spurweite.
Gleiskörper mit Stahlkranz befahrbar.

Fahrgeschwindigkeit:

Durchschnittsgeschwindigkeit 32,0 km/h.
Höchstgeschwindigkeit 80,0 km/h.

3.30. Chicago

Das Nahverkehrssystem - Bahn - hat in Chicago verschiedene Namen. Alle gemeinsam verbindet sie der Name „Subway".

Inbetriebnahme 1892

Der Streckenplan

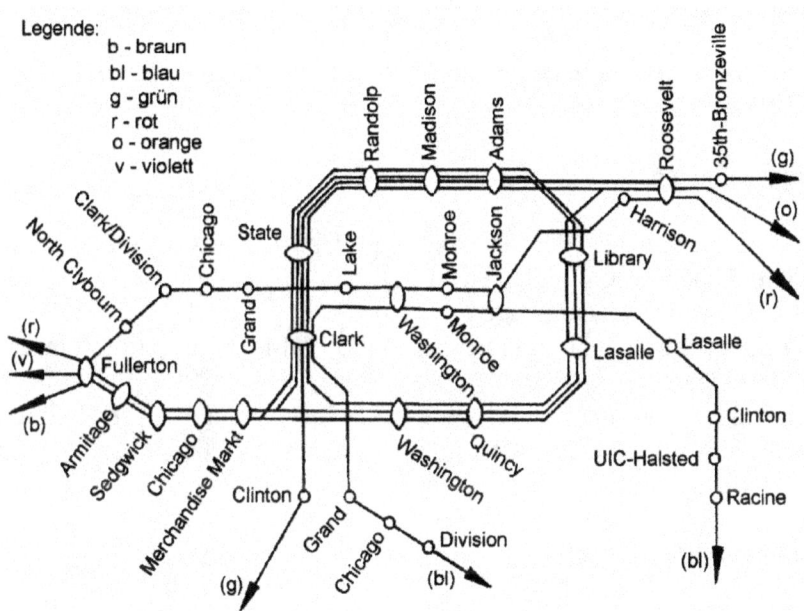

Bild 82 - Streckenplan der Subway von Chicago

Die erste Strecke ihrer Art, die auf dem amerikanischen Kontinent gebaute Hochbahnstrecke von Chicago, wird „High Line" genannt. Als nächste entstand die „Loop". Danach wurden unterirdische Strecken gebaut.

Strecke und Stationen

- teilweise als Hochbahn,
- teilweise als Tunnelbahn,
- teilweise ebenerdig.

Bahnsteige:

Stationen außerhalb der Innenstadt haben;

- teilweise Seitenbahnsteige mit 3,60 m Breite,
- teilweise Mittelbahnsteige mit 5,40 m Breite.

Die Großstationen haben Bahnsteige mit einer maximalen Breite von 17,40 m.

Bahnsteiglänge:

Die Gesamtanlage der Subway von Chicago verfügt über keine einheitlichen Bahnsteiglängen.
Die kürzeste Bahnsteiglänge mißt 161 m.
Im Streckennetz gibt es unter anderem Großstationen mit 750 m und 930 m Länge.
Chicago verfügt über den längsten U-Bahnsteig der Welt. Er befindet sich an der State Street Center Subway, Station „The Loop" und ist 1066 m lang.

Stationsentfernungen:

Die Entfernung zwischen den Stationen beträgt etwa 1140 m.

Technische Angaben

Fahrbetrieb:

Überwiegend automatisch, mit Triebwagenführer.

Fahrzeuge:

Der Fahrzeugpark besteht aus Triebwagen. Jeweils zwei festgekuppelte Triebwagen ergeben einen Zwillingstriebwagen. Es gibt Triebwagen verschiedener Baureihen. Die Wagen sind:

- 14,63 m und 14,71 m lang,
- 2,86 m und 2,84 m breit,
- 3,50 m hoch.

Die kürzesten Zwei-Wagen-Züge (ein Zwillingstriebwagen) befahren die „Zentrums-Loop".
In der Regel werden Züge mit 10 Wagen eingesetzt. Ein solcher Zug besteht aus fünf Zwillingstriebwagen. Seine Gesamtlänge beträgt etwa 147,50 m und ist für etwa 1500 Fahrgäste ausgelegt.
Die Wagen haben Mittelgang und Seitensitze. Je nach Baureihe sind sie beidseitig mit zwei oder vier Doppeltüren für den Fahrgastbetrieb ausgestattet.

Fahrenergie:

Gleichstrom, Fahrspannung 600 Volt.

Fahrspur:

1435 mm Spurweite.
Gleiskörper mit Stahlkranz befahrbar.

Fahrgeschwindigkeit:

- durchschnittliche Reisegeschwindigkeit im Streckennetz 40,0 km/h.
- durchschnittliche Reisegeschwindigkeit mit dem Expreßzug „Skokie Swift" 73,8 km/h.
Höchstgeschwindigkeit 113,0 km/h.

Bild 83 - Züge der roten und blauen Linie an der Loop State/Lake

Bild 84 - Züge in einer Station mit Mittelbahnsteig

3.31. Cleveland

Das Nahverkehrssystem - Bahn - wird in Cleveland „Subway" genannt.

Inbetriebnahme 1955

Der Streckenplan

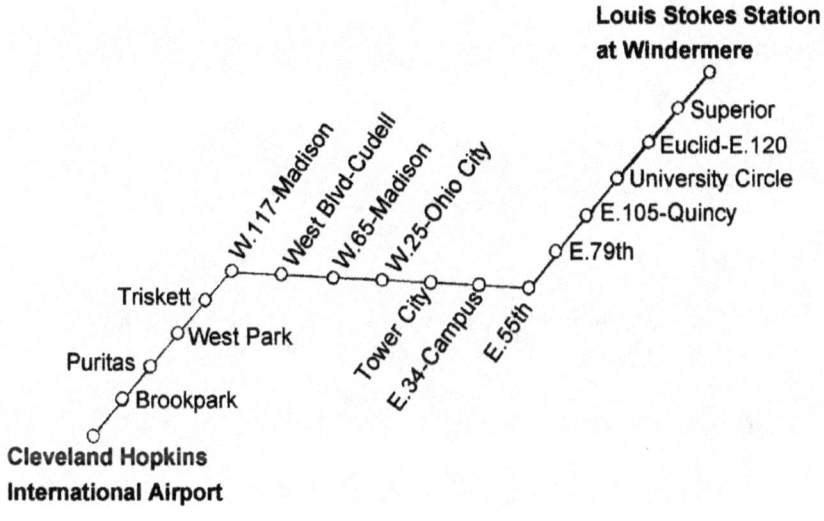

Bild 85 - Streckenplan der Subway von Cleveland

Strecke und Stationen

- überwiegend als Hochbahn,
- teilweise ebenerdig,
- nur 500 m als Tunnelbahn.

Bahnsteige:

Überwiegend Mittelbahnsteige.

Bahnsteiglänge:

90 m bis 180 m.

Stationsentfernungen:

durchschnittlich 1800 m.

Technische Angaben

Fahrbetrieb:

Überwiegend automatisch, mit Triebwagenführer.

Fahrzeuge:

Es gibt Triebwagen und Beiwagen. Alle Fahrzeuge haben die gleichen Außenmaße. Diese sind:

- 22,56 m lang,
- 3,15 m breit,
- 3,66 m hoch.

Es werden Züge aus mindestens einem und höchstens aus sechs Fahrzeugen eingesetzt.
Der längste betriebsmäßig eingesetzte Zug ist dann etwa 136 m lang.

Mit jedem Wagen können etwa 200 Fahrgäste befördert werden.
Der längste eingesetzte Zug hat somit eine Kapazität für etwa 1200 Fahrgäste.
Die Wagen haben Mittelgang und Doppelsitze. In den Triebwagen sind 80 Sitzplätze. In den Beiwagen 84.
Alle Wagen haben beidseitig zwei Doppeltüren für den Fahrgastbetrieb.

Fahrenergie:

Gleichstrom, Fahrspannung 600 Volt.

Fahrspur:

1435 mm Spurweite.
Gleiskörper mit Stahlkranz befahrbar.

Fahrgeschwindigkeit:

durchschnittlich 48,0 km/h.
Höchstgeschwindigkeit 80,0 km/h.

3.32. Detroit

Das Nahverkehrssystem - Bahn - wird in Detroit „People Mover" genannt.

Inbetriebnahme 1987

Der Streckenplan

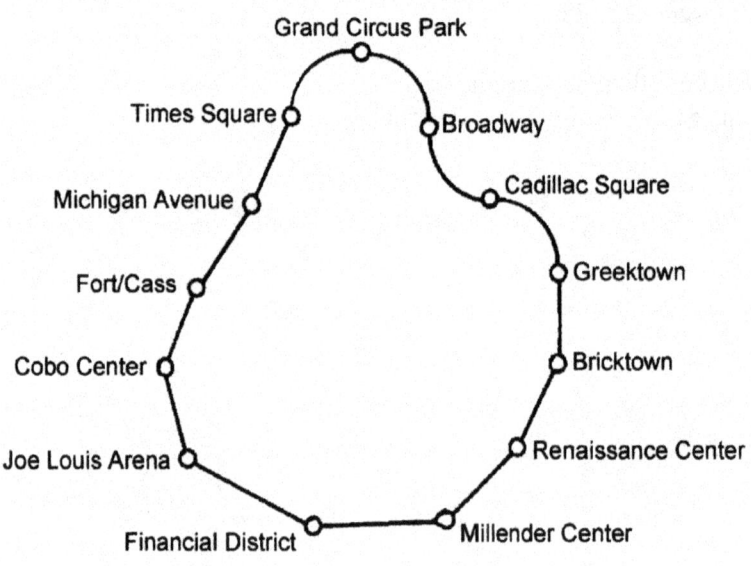

Bild 86 - Streckenplan der People Mover von Detroit

Strecke und Stationen

Die Bahn wird ausschließlich als Hochbahn geführt.
Eine Ausnahme bildet die Streckenführung durch die „Cabo Hall". Dies ist ein Ausstellungs- und Verwaltungsgebäude. Hier fährt die Bahn auf einer Länge von etwa 100 m durch das Gebäude.

Bahnsteige:

Alle Bahnsteige sind Seitenbahnsteige.

Bahnsteiglänge:

etwa 30 m.

Stationsentfernungen:

durchschnittlich etwa 360 m.

Technische Angaben

Fahrbetrieb:

Automatisch, fahrerlos.

Fahrzeuge:

Fahrerlose Triebwagen

- 12,700 m lang,
- 2,500 m breit,
- 3,125 m hoch.

Es werden Züge, die aus einem bzw. zwei Wagen bestehen, eingesetzt. In jedem Fahrzeug finden 100 Fahrgäste Platz, so daß maximal 200 Personen mit einem Zug befördert werden können.

Die Wagen haben Mittelgang und Seitensitze. Sie sind beidseitig mit zwei Doppeltüren für den Fahrgastbetrieb ausgestattet.

Fahrenergie:

Gleichstrom, Fahrspannung 600 Volt.

Fahrspur:

1435 mm Spurweite.
Gleiskörper mit Stahlkranz befahrbar.

Fahrgeschwindigkeit:

durchschnittlich 20,0 km/h.
Höchstgeschwindigkeit 50,0 km/h.

Bild 87 - Fahrerlose „People Mover" - Zug besteht aus zwei Wagen

3.33. Dnepropetrowsk

Das Nahverkehrssystem - Bahn - wird in Dnepropetrowsk „Metro" genannt.

Inbetriebnahme 1991

Der Streckenplan

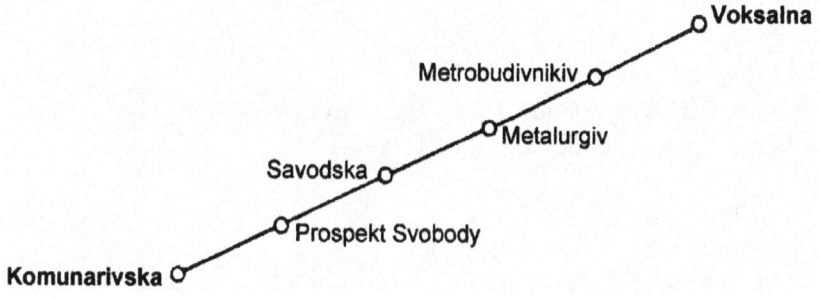

Bild 88 - Streckenplan der Metro von Dnepropetrowsk

Strecke und Stationen

Die Metro fährt ausschließlich als Tunnelbahn.

Bahnsteige:

- überwiegend Mittelbahnsteige,
- teilweise Seitenbahnsteige.

Bahnsteiglänge:

100 m.

Stationsentfernungen:

durchschnittlich etwa 1475 m.

Technische Angaben

Fahrbetrieb:

Überwiegend automatisch, mit Triebwagenführer.

Fahrzeuge:

Es gibt Triebwagen und Motorwagen. Motorwagen verfügen über ein erhöhtes Platzangebot. Die Abmaße sind:

- 19,20 m lang,
- 2,70 m breit,
- 3,65 m hoch.

Vier-Wagen-Züge und Fünf-Wagen-Züge kommen zum Einsatz. Besteht der Zug aus vier Wagen, dann sind zwei Wagen Triebwagen und zwei Wagen Motorwagen. Wenn der Zug fünf Wagen hat, dann sind zwei Wagen Triebwagen und drei Wagen Motorwagen.
Fünf-Wagen-Züge haben eine Gesamtlänge von 96,00 m. Eine solche Zugeinheit ist für 1410 Fahrgäste ausgelegt.
Alle Wagen haben Mittelgang und Seitensitze. Sie sind beidseitig mit vier Doppeltüren für den Fahrgastbetrieb ausgestattet.

Fahrenergie:

Gleichstrom, Fahrspannung 825 Volt.

Fahrspur:

1520 mm Spurweite.
Gleiskörper mit Stahlkranz befahrbar.

Fahrgeschwindigkeit:

durchschnittlich 40,0 km/h.
Höchstgeschwindigkeit 90,0 km/h.

3.34. Donezk

Das Nahverkehrssystem - Bahn - wird in Donezk „Metro" genannt.

Inbetriebnahme 1997

Der Streckenplan

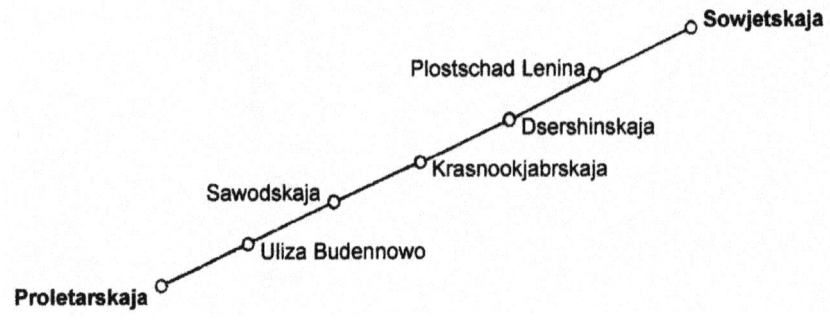

Bild 89 - Streckenplan der Metro von Donezk

Strecke und Stationen

Die Metro fährt ausschließlich als Tunnelbahn.

Bahnsteige:

- überwiegend Mittelbahnsteige,
- teilweise Seitenbahnsteige.

Bahnsteiglänge:

100 m.

Stationsentfernungen:

durchschnittlich 1733 m.

Technische Angaben

Fahrbetrieb:

Überwiegend automatisch, mit Triebwagenführer.

Fahrzeuge:

Es gibt Triebwagen und Motorwagen. Motorwagen verfügen über ein höheres Platzangebot. Die Abmaße der Wagen sind einheitlich und betragen:

- 19,20 m lang,
- 2,70 m breit,
- 3,65 m hoch.

Fünf-Wagen-Züge kommen zum Einsatz. Ein solcher Zug besteht aus zwei Triebwagen und drei Motorwagen.
Die Gesamtlänge des Zuges beträgt 96,00 m und ist für 1410 Fahrgäste ausgelegt.
Alle Wagen haben Mittelgang und Seitensitze. Sie sind beidseitig mit vier Doppeltüren für den Fahrgastbetrieb ausgestattet.

Fahrenergie:

Gleichstrom, Fahrspannung 825 Volt.

Fahrspur:

1520 mm Spurweite.
Gleiskörper mit Stahlkranz befahrbar.

Fahrgeschwindigkeit:

durchschnittlich 43,0 km/h.
Höchstgeschwindigkeit 90,0 km/h.

3.35. Dortmund

Das Nahverkehrssystem - Bahn - hat in Dortmund zwei verschiedene Namen. Die alte, ursprüngliche Bahn heißt „Stadtbahn". Es ist eine Straßenbahn, die abschnittsweise ebenerdig im Straßenniveau und zum Teil unterirdisch in einem Tunnelsystem geführt wird.

Das neue Bahnsystem wird „H-Bahn" genannt. Dies ist eine Hänge- oder Schwebebahn.

Vergleichbar ist diese Bahn mit der Schwebebahn in Wuppertal. Im Gegensatz zur „Wuppertaler Schwebebahn" wird die „H-Bahn" in Dortmund jedoch jeweils nur mit einer Kabine gefahren.

Während die „Wuppertaler Schwebebahn" von einem Triebwagenführer überwacht und gefahren wird, ist die „H-Bahn" in Dortmund eine fahrerlose Kabinenbahn.

Ansprüche, die an eine Metro gestellt werden, erfüllen beide Systeme.

Bild 90 - TAGESTICKET in der Preisstufe A gilt zur Benutzung der H- und Stadtbahn

3.35.1. Dortmund I

Das Nahverkehrssystem - Bahn - in Dortmund ist eine „U-Straßenbahn". Diese Bahn wird in Dortmund als „Stadtbahn" bezeichnet.

Inbetriebnahme 1983

Der Streckenplan

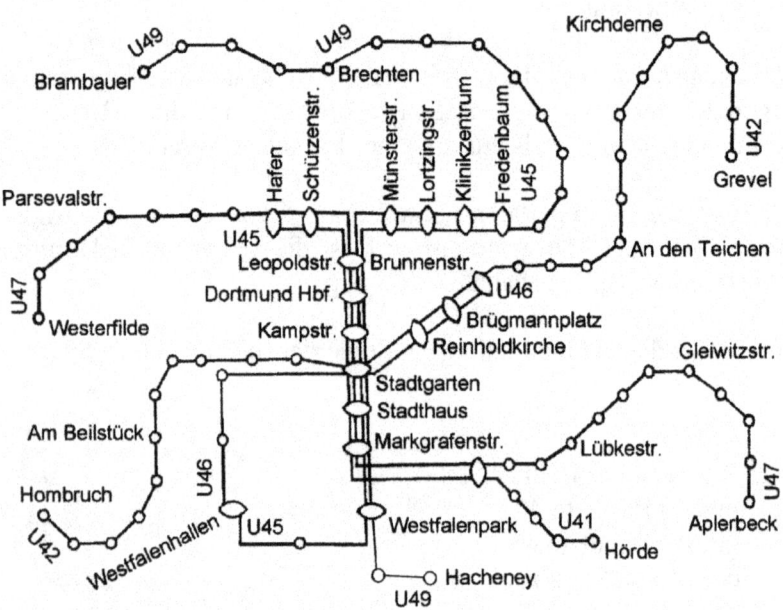

Bild 91 - Streckenplan der Stadtbahn von Dortmund

Strecke und Stationen

- teilweise als Tunnelbahn,
- teilweise ebenerdig.

Bahnsteige:

- überwiegend Seitenbahnsteige,
- teilweise Mittelbahnsteige.

Bahnsteiglänge:

110 m.

Stationsentfernungen:

durchschnittlich etwa 760 m.

Technische Angaben

Fahrbetrieb:

Überwiegend automatisch, mit Triebwagenführer.

Fahrzeuge:

Auf unterschiedlichen Strecken werden verschiedene Fahrzeuge eingesetzt.

Zweiteilige Zweirichtungs-Gelenktriebwagen

- 28,00 m lang,
- 2,65 m breit,
- 3,36 m hoch.

Dreiteilige Zweirichtungs-Gelenktriebwagen.

Achtachsige Stadtbahn-Zweirichtungs-Doppeltriebwagen

- 25,88 m lang,
- 2,30 m breit,
- 3,36 m hoch.

Der längste betriebsmäßig eingesetzte Zug besteht aus 2 zweiteiligen Zweirichtungs-Gelenktriebwagen. Seine Gesamtlänge beträgt 56 m und ist für 564 Fahrgäste ausgelegt.
Die Wagen haben Mittelgang, Einzel- und Doppelsitze. Sie haben beidseitig zwei Einfach- und vier Doppeltüren für den Fahrgastbetrieb. Die achtachsigen Stadtbahn-Zweirichtungs-Doppeltriebwagen können 140 Fahrgäste aufnehmen.

Fahrenergie:

Streckenabhängig wird mit verschiedene Fahrspannungen gefahren:

Zweiteilige Zweirichtungs-Gelenktriebwagen mit
Gleichstrom, Fahrspannung 750 Volt.

Achtachsige Stadtbahn-Zweirichtungs-Doppeltriebwagen mit
Gleichstrom, Fahrspannung 600 Volt.

Fahrspur:

1435 mm Spurweite.
Gleiskörper mit Stahlkranz befahrbar.

Fahrgeschwindigkeit:

durchschnittlich etwa 26,0 km/h.
Höchstgeschwindigkeit 70,0 km/h.

Bild 92 - Zug der Linie U45 im Bahnhof Markgrafenstraße

Bild 93 - Zweiteiliger Zweirichtungs-Gelenktriebwagen

Bild 94 - Dreiteiliger Zweirichtungs-Gelenktriebwagen

3.35.2. Dortmund II

Ein weiteres Nahverkehrssystem – Bahn – in Dortmund ist eine Kabinenbahn. Sie wird als „H-Bahn" bezeichnet.

Inbetriebnahme 1992

Der Streckenplan

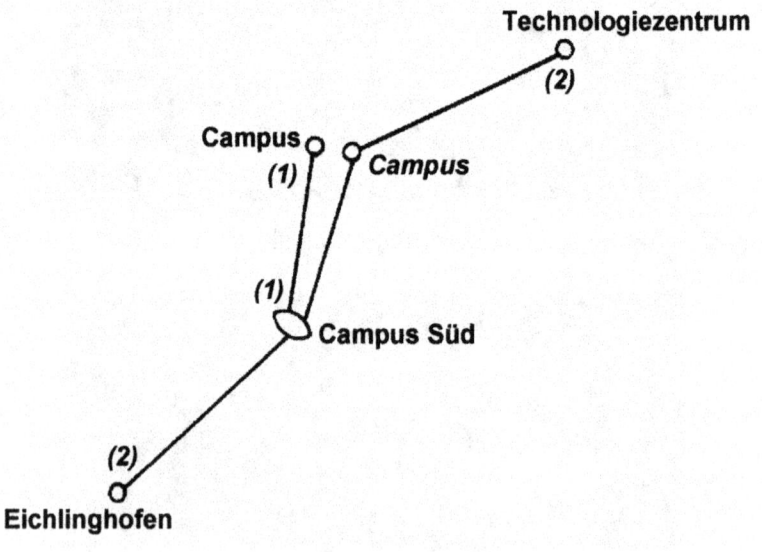

Bild 95 - Streckenplan der H-Bahn von Dortmund

Strecke und Stationen

Die Bahn ist eine Hochbahn. Sie fährt als Hängebahn auf Stahlschienen, die in einer Trägerkonstruktion eingebunden sind und auf Stahlstützen ruhen.

Bahnsteige:

- Seitenbahnsteige und
- Mittelbahnsteige.

Die Bahnsteige wurden in Stahlskelettbauweise errichtet und sind rundum vollständig verglast.

Bahnsteiglänge:

ca. 20 m.

Stationsentfernungen:

durchschnittlich etwa 830 m.

Technische Angaben

Fahrbetrieb:

Vollautomatisch, fahrerlos. Der Fahrbetrieb wird von einer Zentrale aus überwacht und gesteuert.

Fahrzeuge:

Auf zwei Strecken werden verschiedene Kabinenfahrzeuge eingesetzt. Die Maße der Fahrzeugkabinen betragen etwa

- 6,80 m lang,
- 2,20 m breit,
- 2,36 m hoch.

Die betriebsmäßig eingesetzte Zugeinheit besteht aus einer Kabine.
In der Kabine trennt ein Mittelgang, gegenüberliegende Einzel- und Doppelsitze. An den Kopfenden der Kabinenbahn ist jeweils eine Sitzbank mit je zwei Plätzen in Längsrichtung angeordnet. Insgesamt stehen in jeder Kabine 16 Sitz- und 16 Stehplatze zur Verfügung.
Die Kabinen haben beidseitig zwei Einfachtüren für den Fahrgastbetrieb.
Eine Doppeltür im Bahnhof wird parallel zur Tür der Kabinenbahn nach Einfahrt der Kabine zum Fahrgastwechsel geöffnet und vor Abfahrt automatisch geschlossen.

Fahrenergie:

Gleichstrom, Fahrspannung 600 Volt.

Fahrgeschwindigkeit:

durchschnittlich etwa 30,0 km/h.

Bild 96 - Kabinenbahn der Linie 1 im Bahnhof Campus Süd

Bild 97 - Kabinenbahn der Linie 2

Bild 98 – 2 Bahnen, Gleis und Tragkonstruktion am Bahnhof Campus

Bild 99 - Blick in den Bahnhof Campus

3.36. Düsseldorf

Das Nahverkehrssystem - Bahn - wird in Düsseldorf „U-Bahn" genannt.
Die Fahrzeuge und das Verkehrssystem erfüllen die Anforderungen sowohl einer Stadtbahn, wie auch die einer U-Bahn.

Inbetriebnahme 1981

Der Streckenplan

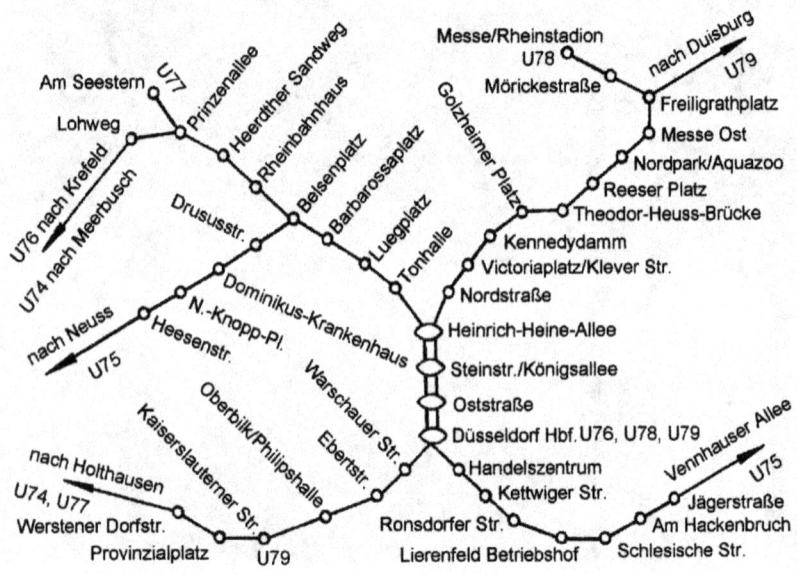

Bild 100 - Streckenplan der U-Bahn in Düsseldorf

Strecke und Stationen

Die Bahn fährt als Tunnelbahn.

Bahnsteige:

- überwiegend Mittelbahnsteige,
- teilweise Seitenbahnsteige.

Bahnsteiglänge:

95 m.

Stationsentfernungen:

durchschnittlich etwa 870 m.

Technische Angaben

Fahrbetrieb:

Überwiegend automatisch, mit Triebwagenführer.

Fahrzeuge:

Zweirichtungs-Gelenktriebwagen

- 27,50 m lang,
- 2,65 m breit,
- 3,36 m hoch.

Jeder Gelenktriebwagen kann 183 Fahrgäste aufnehmen. Bis zu drei Fahrzeuge können einen Zugverband bilden. Diese Zugeinheit bietet dann 549 Fahrgästen Platz.
Die Wagen haben Mittelgang, Einzel- und Doppelsitze. Sie haben beidseitig vier Doppeltüren für den Fahrgastbetrieb.

Fahrenergie:

Gleichstrom, Fahrspannung 600 Volt.

Fahrspur:

1435 mm Spurweite.
Gleiskörper mit Stahlkranz befahrbar.

Fahrgeschwindigkeit:

durchschnittlich 32,0 km/h.
Höchstgeschwindigkeit 70,0 km/h.

Bild 101 - U-Bahnzug im Bahnhof Düsseldorf Hauptbahnhof

Bild 102 - Ebenerdiger Bahnsteig   Bild 103 - Einstieg mit Zusatzstufe

Bild 104 - Innenansicht des Zuges   Bild 105 - Im Untergrundbahnhof

3.37. Duisburg

Das Nahverkehrssystem - Bahn - wird in Duisburg „U-Bahn" genannt. Die Fahrzeuge und das Verkehrssystem erfüllen die Anforderungen sowohl einer Stadtbahn, wie auch die einer U-Bahn.

Inbetriebnahme 1992

Der Streckenplan

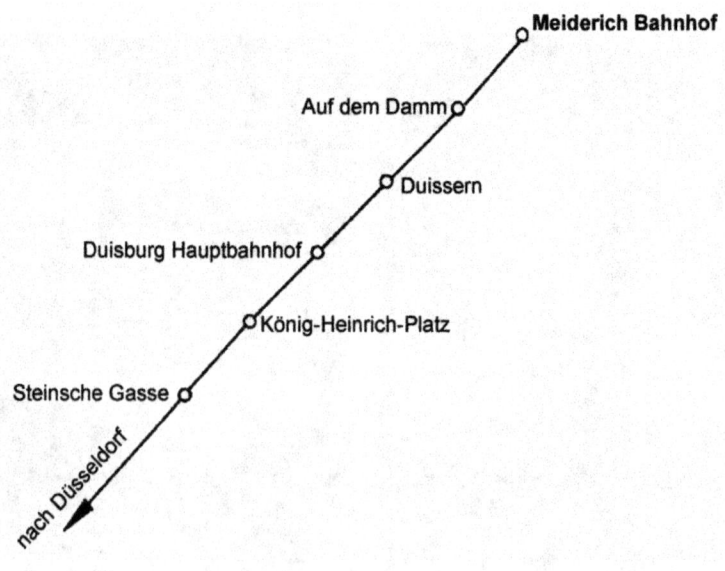

Bild 106 - Streckenplan der U-Bahn von Duisburg

Strecke und Stationen

Die Bahn fährt als Tunnelbahn.

Bahnsteige:

- überwiegend Mittelbahnsteige,
- teilweise Seitenbahnsteige.

Bahnsteiglänge:

95 m.

Stationsentfernungen:

durchschnittlich etwa 800 m.

Technische Angaben

Fahrbetrieb:

Überwiegend automatisch, mit Triebwagenführer.

Fahrzeuge:

Zweirichtungs-Gelenktriebwagen

- 27,50 m lang,
- 2,65 m breit,
- 3,36 m hoch.

Jeder Gelenktriebwagen kann 183 Fahrgäste aufnehmen. Bis zu drei Fahrzeuge können einen Zugverband bilden. Diese Zugeinheit bietet dann 549 Fahrgästen Platz.
Die Wagen haben Mittelgang, Einzel- und Doppelsitze. Sie haben beidseitig fünf Doppeltüren für den Fahrgastbetrieb.

Fahrenergie:

Gleichstrom, Fahrspannung 600 Volt.

Fahrspur:

1435 mm Spurweite.
Gleiskörper mit Stahlkranz befahrbar.

Fahrgeschwindigkeit:

durchschnittlich 32,0 km/h.
Höchstgeschwindigkeit 70,0 km/h.

Bild 107 - U-Bahn von Duisburg

3.38. Edmonton

Das Nahverkehrssystem - Bahn - wird in Edmonton „Light Rail Transit LRT" genannt.
Die Fahrzeuge und das Verkehrssystem erfüllen die Anforderungen sowohl einer Stadtbahn, wie auch die einer Metro, U-Bahn oder Subway. Im Jahre 1974 wurde der Bau der LRT-Linie als Stadtbahn begonnen. Später wurde die Bahn aus der Straßenebene in einen Tunnel weiter geführt.

Inbetriebnahme 1978

Der Streckenplan

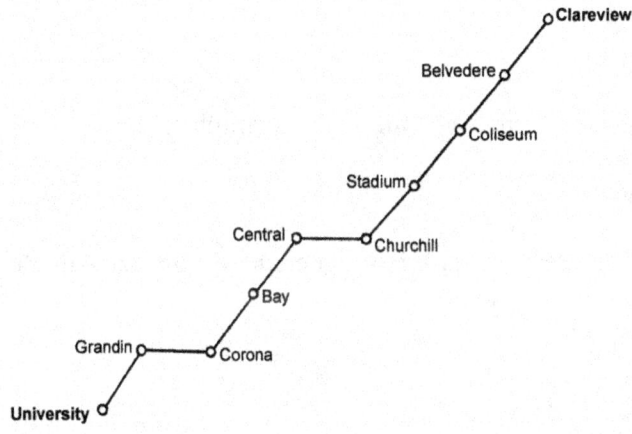

Bild 108 - Streckenplan der Light Rail Transit (LRT) von Edmonton

Strecke und Stationen

Die Bahn fährt

- überwiegend als Tunnelbahn,
- teilweise ebenerdig,
- teilweise in Hochlage.

Bahnsteige:

- überwiegend Mittelbahnsteige,
- teilweise Seitenbahnsteige.

Bahnsteiglänge:

etwa 80 m.

Stationsentfernungen:

durchschnittlich 1230 m.

Technische Angaben

Fahrbetrieb:

Überwiegend automatisch, mit Triebwagenführer.

Fahrzeuge:

Der Fuhrpark besteht aus Triebwagen und Motorwagen als Beiwagen.

Jeder Wagen ist:

- 12,500 m lang,
- 2,260 m breit,
- 3,180 m hoch.

In jedem Wagen können etwa 185 Fahrgäste befördert werden.
Vier Fahrzeuge bilden einen Zugverband. Diese Zugeinheit bietet dann 740 Fahrgästen Platz.
Die Wagen haben Mittelgang, Einzel- und Doppelsitze. Sie haben beidseitig zwei Doppeltüren für den Fahrgastbetrieb.

Fahrenergie:

Gleichstrom, Fahrspannung 750 Volt.

Fahrspur:

1435 mm Spurweite.
Gleiskörper mit Stahlkranz befahrbar.

Fahrgeschwindigkeit:

durchschnittlich etwa 30,0 km/h.
Höchstgeschwindigkeit 70,0 km/h.

Bild 109 - Zug der „Light Rail Transit LRT"

3.39. Essen

Das Nahverkehrssystem - Bahn - wird in Essen „U-Bahn" genannt. Die Fahrzeuge und das Verkehrssystem erfüllen die Anforderungen sowohl einer Stadtbahn, wie auch die einer U-Bahn. Im Jahre 1964 wurde der Bau von Tunnelanlage für U-Straßenbahnen begonnen und als Anlagen für eine Stadtbahn weitergeführt. Später wurde sie als U-Bahn eröffnet.

Inbetriebnahme 1977

Der Streckenplan

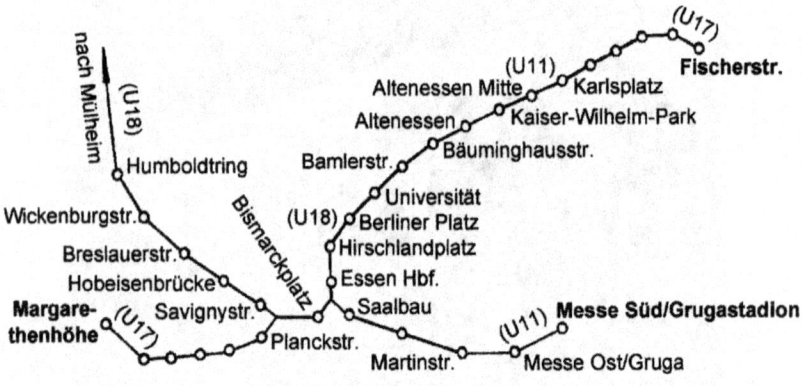

Bild 110 - Streckenplan der U-Bahn von Essen

Strecke und Stationen

Die Bahn fährt

- überwiegend als Tunnelbahn,
- teilweise ebenerdig,
- teilweise in Hochlage.

Bahnsteige:

- teilweise Mittelbahnsteige,
- teilweise Seitenbahnsteige.

Bahnsteiglänge:

60 m bis 115 m.

Stationsentfernungen:

durchschnittlich etwa 845 m.

Technische Angaben

Fahrbetrieb:

Überwiegend automatisch, mit Triebwagenführer.

Fahrzeuge:

Zweirichtungs-Gelenktriebwagen

- 27,50 m lang,
- 2,65 m breit,
- 3,36 m hoch.

Jeder Gelenktriebwagen kann 183 Fahrgäste aufnehmen.

Bis zu drei Fahrzeuge können einen Zugverband bilden. Diese Zugeinheit bietet dann 549 Fahrgästen Platz.
Die Wagen haben Mittelgang, Einzel- und Doppelsitze. Sie haben beidseitig vier Doppeltüren für den Fahrgastbetrieb.

Fahrenergie:

Gleichstrom, Fahrspannung 750 Volt.

Fahrspur:

1435 mm Spurweite.
Gleiskörper mit Stahlkranz befahrbar.

Fahrgeschwindigkeit:

durchschnittlich etwa 30,0 km/h.
Höchstgeschwindigkeit 70,0 km/h.

Bild 111 - Ansicht eines 3-teiligen Zweirichtungs-Gelenktriebwagens

3.40. Frankfurt am Main

Das Nahverkehrssystem - Bahn - wird in Frankfurt am Main „U-Bahn" genannt.
Die Fahrzeuge und das Verkehrssystem erfüllen die Anforderungen sowohl einer Stadtbahn, wie auch die einer U-Bahn. Im Jahre 1963 wurde der Bau für eine U-Straßenbahnen begonnen und als Anlagen für eine Stadtbahn weitergeführt. Am 01.06.1980 wurde die erste reine U-Bahn-Strecke eröffnet.

Inbetriebnahme 1968/1980

Der Streckenplan

Bild 112 - Streckenplan der U-Bahn von Frankfurt am Main

Strecke und Stationen

Die Bahn fährt

- überwiegend als Tunnelbahn,
- teilweise ebenerdig,
- teilweise als Hochbahn.

Bahnsteige:

- teilweise Mittelbahnsteige 7,00 m bis 11,00 m breit,
- teilweise Seitenbahnsteige 3,50 m bis 6,00 m breit.

Bahnsteiglänge:

100 m.

Stationsentfernungen:

durchschnittlich etwa 750 m.

Technische Angaben

Fahrbetrieb:

Überwiegend automatisch, mit Triebwagenführer.

Fahrzeuge:

Es werden zwei verschiedene Fahrzeugtypen eingesetzt. Sie haben die folgenden Abmessungen:

Typ U 2

- 23,00 m lang,
- 2,65 m breit,
- 3,28 m hoch.

Typ U 3

- 24,49 m lang,
- 2,65 m breit,
- 3,28 m hoch.

Beide Fahrzeuge sind sechsachsige Gelenktriebwagen

Jeder Gelenktriebwagen Typ U 2 kann 226 Fahrgäste aufnehmen. Gelenktriebwagen Typ U 3 können 246 Fahrgäste befördern. Die längsten betriebsmäßig eingesetzten Züge können aus vier Gelenkwagen gebildet werden. Ein solcher Zugverband der Wagen Typ U 2 nimmt maximal 904 Fahrgäste auf. Die Zugeinheit mit vier Wagen Typ U 3 bietet 984 Fahrgästen Platz.
In der Regel werden Drei-Wagen-Züge eingesetzt.
Die Wagen haben Mittelgang und Doppelsitze. Jeder Gelenkwagen hat beidseitig vier Doppelfalttüren für den Fahrgastbetrieb.

Fahrenergie:

Gleichstrom, Fahrspannung 750 Volt.

Fahrspur:

1435 mm Spurweite.
Gleiskörper mit Stahlkranz befahrbar.

Fahrgeschwindigkeit:

durchschnittlich etwa 28,5 km/h.
Höchstgeschwindigkeit 80,0 km/h.

Bild 113 - Gruppentageskarte von bis zu 5 Personen zugleich nutzbar

Bild 114 - Ein Drei-Wagen-Zug

Bild 115 - Führerstände von 2 miteinander gekoppelten Triebwagen

3.41. Fukuoka

Das Nahverkehrssystem - Bahn - wird in Fukuoka „Metro" genannt.

Inbetriebnahme 1981

Der Streckenplan

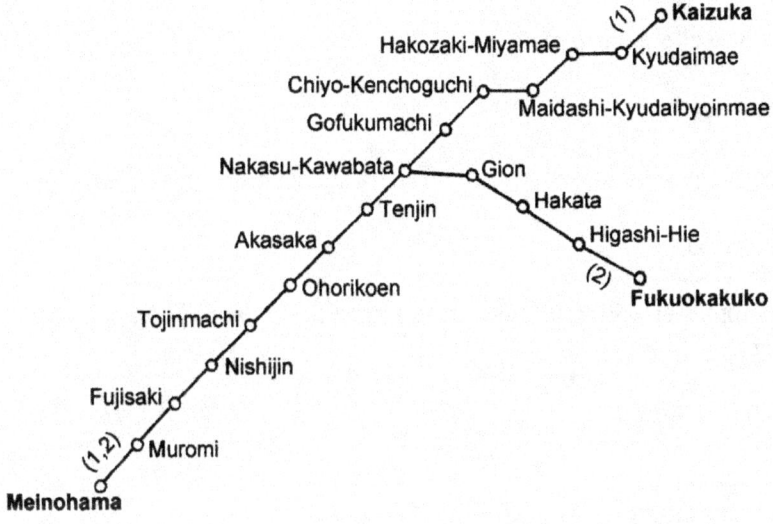

Bild 116 - Streckenplan der Metro von Fukuoka

Strecke und Stationen

Die Bahn fährt ausschließlich als Tunnelbahn.

Bahnsteige:

- überwiegend Mittelbahnsteige,
- teilweise Seitenbahnsteige.

Bahnsteiglänge:

120 m.

Stationsentfernungen:

durchschnittlich etwa 906 m.

Technische Angaben

Fahrbetrieb:

Überwiegend automatisch, mit Triebwagenführer.

Fahrzeuge:

Es gibt Triebwagen und Beiwagen mit Führerstand. Die Abmessungen sind:

Triebwagen

- 19,50 m lang,
- 2,86 m breit,
- 4,09 m hoch.

Beiwagen mit Führerstand

- 20,00 m lang,
- 2,86 m breit,
- 4,09 m hoch.

Betriebsmäßig eingesetzte Züge haben sechs Wagen. Sie bestehen aus vier Trieb- und zwei Beiwagen.
Die Gesamtlänge der Zugeinheit beträgt 118 m.
Jeder Triebwagen bietet 144 Fahrgästen Platz. Jeder Beiwagen kann 136 Fahrgäste aufnehmen. Damit können je Zugeinheit 848 Fahrgäste befördert werden.
Die Wagen haben Mittelgang und Seitensitze. Sie haben beidseitig vier Doppeltüren für den Fahrgastbetrieb.

Fahrenergie:

Gleichstrom, Fahrspannung 1500 Volt.

Fahrspur:

1067 mm Spurweite.
Gleiskörper mit Stahlkranz befahrbar.

Fahrgeschwindigkeit:

durchschnittlich 41,0 km/h.
Höchstgeschwindigkeit 90,0 km/h.

3.42. Genua

In Genua wird das Nahverkehrssystem - Bahn - „Metropolitana" genannt.
Diverse Stadtpläne, Touristenführer und Karten beinhalten und weisen im Nahverkehr der Stadt Genua seit Jahren die Metropolitana aus. Doch diese Bahn gibt es nicht. Seit dem Jahre 1987 kündigt die Stadtverwaltung alljährlich ihre Eröffnung an. Bisher ohne Erfolg, denn sie befindet sich nach wie vor in Bau.
Schilder an den offenbar vorgesehenen Eingängen zu den Stationen der Metropolitana mit dem dafür auserwählten Signe sind seit langem aufgestellt. Doch die Bahn gibt es nicht. Es ist wie ein Potemkinsches Dorf.
Neben dem Eingangsschild auf der Via A. Doria an der vorgesehenen Station Principe klafft ein Loch. Eine riesige Baugrube, aus der zwei Tunnelröhren in das innere der Bergformation führen, sind zu sehen.
Unter Glas ist am Eingangsschild zur Metropolitana eine Information angebracht. Sie kündigt die Eröffnung der Metropolitana zum 4. September 2002 an. Seit diesem Termin ist mehr als ein Jahr vergangen. Die veraltete Information hängt noch immer.
Fest steht: Auch im Jahre 2003 kann hier noch keine Metropolitana fahren.
Wann der erste Zug auf die Strecke geht, ist ungewiß.

Bild 117/118 - Baugrube der Metropolitana an der Station Prinzip

Bild 119/120 - Eröffnungsankündigung am vorgesehenen Eingang zur Station Prinzip der Metropolitana von Genua

3.43. Gelsenkirchen

Das Nahverkehrssystem - Bahn - wird in Gelsenkirchen „Stadtbahn" genannt.
Die Fahrzeuge und das Verkehrssystem erfüllen die Anforderungen sowohl einer Stadtbahn, wie auch die einer U-Bahn.

Inbetriebnahme 1979

Der Streckenplan

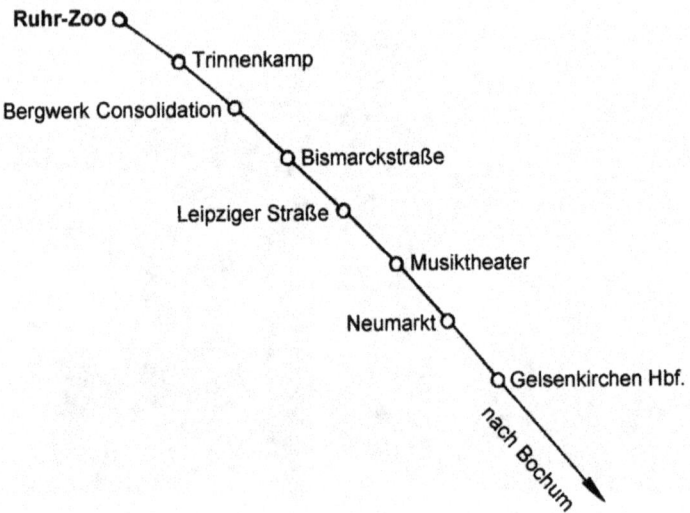

Bild 119 - Streckenplan der Stadtbahn/U-Bahn von Gelsenkirchen

Strecke und Stationen

Die Bahn fährt als Tunnelbahn.

Bahnsteige:

- teilweise Mittelbahnsteige,
- teilweise Seitenbahnsteige.

Bahnsteiglänge:

95 m.

Stationsentfernungen:

durchschnittlich etwa 900 m.

Technische Angaben

Fahrbetrieb:

Überwiegend automatisch, mit Triebwagenführer.

Fahrzeuge:

Zweirichtungs-Gelenktriebwagen

- 27,50 m lang,
- 2,65 m breit,
- 3,08 m hoch.

Jeder Gelenktriebwagen kann etwa 180 Fahrgäste aufnehmen. Bis zu drei Fahrzeuge können einen Zugverband bilden. Sie werden jedoch in der Regel nur als einfacher Gelenktriebwagen eingesetzt.
Die Wagen haben Mittelgang, Einzel- und Doppelsitze. Sie haben beidseitig vier Doppeltüren für den Fahrgastbetrieb.

Fahrenergie:

Gleichstrom, Fahrspannung 660 Volt.

Fahrspur:

1000 mm Spurweite.
Gleiskörper mit Stahlkranz befahrbar.

Fahrgeschwindigkeit:

durchschnittlich 32,0 km/h.
Höchstgeschwindigkeit 70,0 km/h.

Bild 120 - Zweigliedriger Gelenkzug in der Station

3.44. Glasgow

Das Nahverkehrssystem - Bahn - wird in Glasgow „Metro" genannt. Ungewöhnlich war, daß ein in Glasgow vorhandenes funktionstüchtiges Metronetz im Jahre 1977 stillgelegt wurde. Nach einer grundlegenden Rekonstruktion und Modernisierung wurde die Metro in dem alten vorhandenen Tunnelsystem 1980 neu eröffnet.

Inbetriebnahme 1896/1980

Der Streckenplan

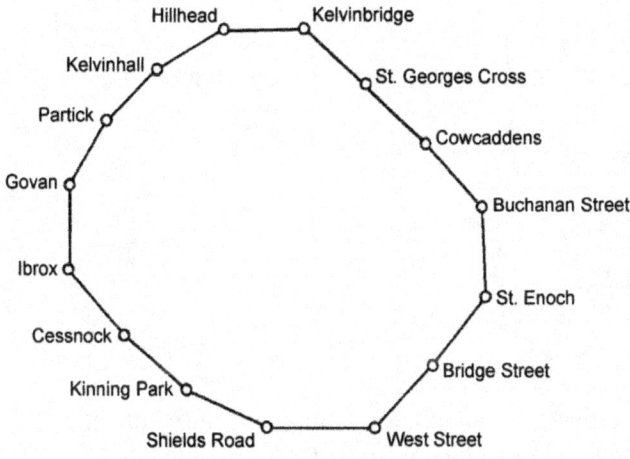

Bild 121 - Streckenplan der Metro von Glasgow

Strecke und Stationen

Die Bahn fährt ausschließlich als Tunnelbahn.

Bahnsteige:

- teilweise Mittelbahnsteige,
- teilweise Seitenbahnsteige,
- teilweise in Kombination mit Mittel- und Seitenbahnsteigen.

Bahnsteiglänge:

etwa 45 m.

Stationsentfernungen:

durchschnittlich etwa 745 m.

Technische Angaben

Fahrbetrieb:

Überwiegend automatisch, mit Triebwagenführer.

Fahrzeuge:

Triebwagen

- 12,81 m lang,
- 2,34 m breit,
- 2,65 m hoch.

Jeder Triebwagen kann 90 Fahrgäste aufnehmen. Bis zu drei Fahrzeuge werden zu einem Zugverband verbunden. Diese Zugeinheit bietet dann 270 Fahrgästen Platz.

Die Wagen haben Mittelgang und Sitzbänke mit in sich abgegrenzten Einzelsitzen.
Jeder Wagen verfügt beidseitig über zwei Doppeltüren für den Fahrgastbetrieb.

Fahrenergie:

Gleichstrom, Fahrspannung 600 Volt.

Fahrspur:

1219 mm Spurweite.
Gleiskörper mit Stahlkranz befahrbar.

Fahrgeschwindigkeit:

durchschnittlich etwa 26,0 km/h.
Höchstgeschwindigkeit 54,0 km/h.

Bild 122 - Zug im Bahnhof Kelvinbridge

3.45. Gorki

Das Nahverkehrssystem - Bahn - wird in Gorki „Metro" genannt.

Inbetriebnahme 1992

Der Streckenplan

Ein Streckenplan lag bei Redaktionsschluß nicht vor.

Strecke und Stationen

Die Metro in Gorki fährt als Tunnelbahn.

Bahnsteige:

Überwiegend Mittelbahnsteige.

Bahnsteiglänge:

etwa 100 m.

Stationsentfernungen:

durchschnittlicher Haltestellenabstand etwa 1300 m.

Technische Angaben

Fahrbetrieb:

Von einer Dispatcherzentrale erfolgt die Zugüberwachung mit Hilfe industrieller Fernsehanlagen. Jeden Zug begleitet ein Triebwagenführer. Er fährt nach Anweisung des Zugdispatchers, der die Anweisungen über Funksprechverkehr erteilt.

Fahrzeuge:

Es gibt Triebwagen und Motorwagen. Motorwagen verfügen über ein erhöhtes Platzangebot. Die Abmaße der Trieb- und Motorwagen sind:

- 19,20 m lang,
- 2,70 m breit,
- 3,65 m hoch.

Die betriebsmäßig eingesetzten Züge bestehen aus 5 Wagen. Davon sind zwei Triebwagen und drei Motorwagen. Die Gesamtlänge des Zuges beträgt 96,00 m. Der Zug ist für 1410 Fahrgäste ausgelegt.
Die Wagen haben Mittelgang und Seitensitze. Sie sind beidseitig mit vier Doppeltüren für den Fahrgastbetrieb ausgestattet.

Fahrenergie:

Gleichstrom, Fahrspannung 825 Volt.

Fahrspur:

1520 mm Spurweite. Gleiskörper mit Stahlkranz befahrbar.

Fahrgeschwindigkeit:

durchschnittlich etwa 40,0 km/h,
Höchstgeschwindigkeit 90,0 km/h.

3.46. Guadalajara

Das Nahverkehrssystem - Bahn - wird in Guatalajara „Tren Eléktrico Urbano" genannt. Es handelt sich um eine Form der U-Straßenbahn, wie sie sonst vornehmlich in Europa eingesetzt wird und dort vorallem als Stadtbahn verkehrt. So ist die Linie 1 teilweise an der Oberfläche, auf eigenem Gleiskörper, aber mit Straßenkreuzungen geführt, während die Linie 2 auf ganzer Länge unterirdisch verläuft.

Inbetriebnahme 1989

Der Streckenplan

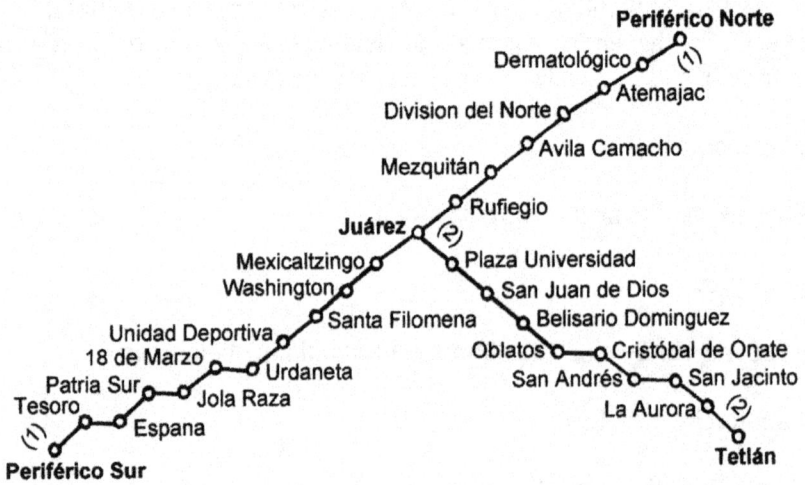

Bild 123 - Streckenplan der Tren Eléktrico Urbano von Guadalajara

Strecke und Stationen

- teilweise als Tunnelbahn,
- teilweise ebenerdig.

Bahnsteige:

- teils Mittelbahnsteige,
- teils Seitenbahnsteige.

Bahnsteiglänge:

Auf der Linie 1 sind die Bahnsteige 60 m, auf der Linie 2 dagegen 148 m.

Stationsentfernungen:

Auf der Linie 1 etwa 815 m, auf der Linie 2 etwa 850 m.

Technische Angaben

Fahrbetrieb:

Überwiegend automatisch, mit Triebwagenführer.

Fahrzeuge:

Es werden Doppeltriebwagen eingesetzt.

Fahrzeugabmessungen:

Jeder Triebwagen ist

- 14,60 m lang,
- 2,30 m breit,
- 3,18 m hoch.

Die Anzahl der miteinander gekoppelten Wagen ist unterschiedlich. Sie richtet sich nach den zu befahrenden Strecken. Auf der Linie 1 werden vier Wagen zu einer Zugeinheit verbunden. Bis zu zehn Wagen werden als Zugeinheit auf der Linie 2 gefahren. Alle Wagen haben Mittelgang. Sie haben Doppelsitze. Jeder Wagen hat beidseitig zwei Doppeltüren für den Fahrgastbetrieb. 88 Fahrgäste finden in einem Triebwagen Platz. Somit können auf der Linie 1 in einem Vier-Wagen-Zug 352 Fahrgäste befördert werden. In einem Zehn-Wagen-Zug auf der Linie 2 können 880 Fahrgäste Platz finden.

Fahrenergie:

750 Volt, Gleichspannung.

Fahrspur:

1435 mm Spurweite.
Gleiskörper mit Stahlkranz befahrbar.

Fahrgeschwindigkeit:

Streckenabhängig:
Durchschnittsgeschwindigkeit 31,0 km/h auf der Linie 1.
Auf der Linie 2, Durchschnittsgeschwindigkeit bis 34,0 km/h.
Höchstgeschwindigkeit bis 80,0 km/h.

3.47. Guangzhou

Das Nahverkehrssystem - Bahn - wird in Guangzhou „Subway" genannt.

Inbetriebnahme 1999

Der Streckenplan

Bild 124 - Streckenplan der Subway von Guangzhou

Strecke und Stationen

Die Strecke der Subway ist als Tunnelbahn geführt. Nur die Stationen „Keng Kou" und „Xi Lang" sind oberirdisch angelegt.

Bahnsteige:

- teilweise Mittelbahnsteige,
- teilweise Seitenbahnsteige.

Bahnsteiglänge:

Die Bahnsteige sind 135 m lang.

Stationsentfernungen:

durchschnittlich etwa 1230 m.

Technische Angaben

Fahrbetrieb:

Überwiegend automatisch, mit Triebwagenführer.

Fahrzeuge:

Doppeltriebwagen werden als Zugverband eingesetzt. Die Einzelwagen haben folgende Abmessungen:

- 21,50 m lang,
- 3,20 m breit,
- 3,70 m hoch.

Der Regelbetrieb sieht den Einsatz von drei Doppeltriebwagen vor. Der eingesetzte Zugverband als 6-Wagen-Zug kann insgesamt 1200 Fahrgäste befördern.

Die Wagen haben Mittelgang und Längssitze. Sie haben beidseitig je vier Doppeltüren für den Fahrgastbetrieb.

Fahrenergie:

Gleichstrom, Fahrspannung 750 Volt.

Fahrspur:

1435 mm Spurweite.
Gleiskörper mit Stahlkranz befahrbar.

Fahrgeschwindigkeit:

durchschnittlich 36,0 km/h.
Höchstgeschwindigkeit 90,0 km/h.

Bild 125 - Ansicht der Subway von Guangzhou

3.48. Haifa

Das Nahverkehrssystem - Bahn - wird in Haifa „Stadtbahn" und auch „Subway" genannt. Sie erfüllt die Anforderungen eines Metrosystems. Die Bahn ist eine unterirdische Standseilpendelbahn.

Inbetriebnahme 1959

Der Streckenplan

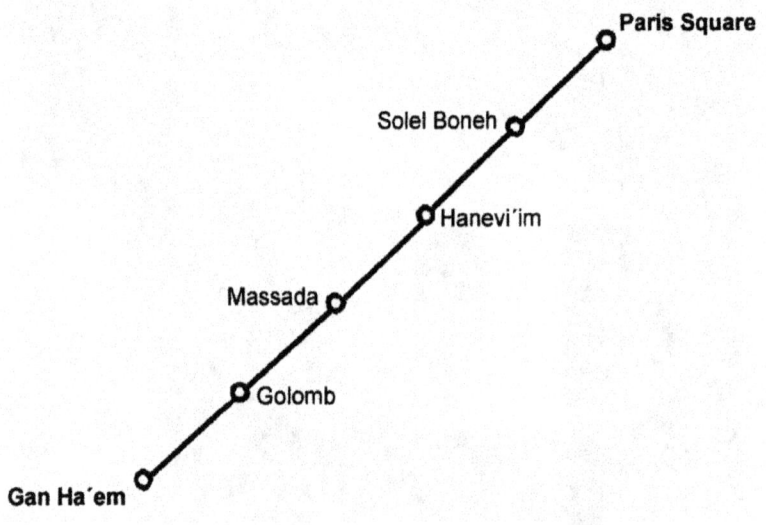

Bild 126 - Streckenplan der Stadtbahn/Subway von Haifa

Strecke und Stationen

Die Bahn ist auf der gesamten Strecke als Tunnelbahn angelegt.

Bahnsteige:

Ausschließlich Seitenbahnsteige.

Bahnsteiglänge:

30,5 m.

Stationsentfernungen:

Die Entfernung zwischen den Bahnsteigen beträgt 350 m.

Technische Angaben

Fahrbetrieb:

Überwiegend automatisch, mit Zugbegleiter.

Fahrzeuge:

Antriebslose Wagen, mit folgenden Maßen:

- 15,00 m lang,
- 2,40 m breit,
- 3,80 m hoch.

Die betriebsmäßig eingesetzten Züge bestehen aus zwei Wagen. An Drahtseilen werden die Züge durch den Tunnel bewegt. Der Tunnel verläuft geradlinig. Er hat eine gleichbleibende Steigung von 15,5 %. Die Antriebsmaschinen befinden sich in einer Bergstation.
Jeder Wagen kann 160 Fahrgäste aufnehmen. Damit können je Zugeinheit 320 Fahrgäste befördert werden.

Die Gesamtlänge einer Zugeinheit beträgt 30 m.
Alle Wagen haben Mittelgang und Seitensitze. Sie haben beidseitig vier Doppeltüren für den Fahrgastbetrieb.

Fahrenergie:

Gleichstrom, Fahrspannung 1200 Volt.

Fahrspur:

1980 mm Spurweite.
Die Fahrzeuge haben luftgefüllte gummibereifte Räder. Diese werden in Stahlschienen geführt.

Fahrgeschwindigkeit:

durchschnittlich 30,0 km/h.

3.49. Hamburg

Das Nahverkehrssystem - Bahn - wird in Hamburg „U-Bahn" genannt.

Inbetriebnahme 1912

Der Streckenplan

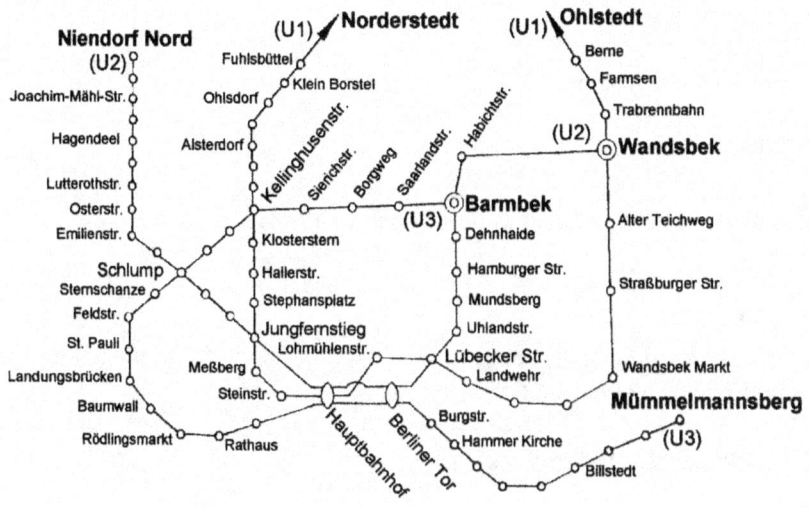

Bild 127 - Streckenplan der U-Bahn von Hamburg

Strecke und Stationen

- teilweise als Tunnelbahn,
- teilweise in Hochlage.

Bahnsteige:

- teilweise Mittelbahnsteige mindestens 6,00 m breit,
- teilweise Seitenbahnsteige mindestens 3,00 m breit.

Bahnsteiglänge:

125 m.

Stationsentfernungen:

durchschnittlich 1065 m.

Technische Angaben

Fahrbetrieb:

Überwiegend automatisch, mit Triebwagenführer.

Fahrzeuge:

Vier verschiedene Fahrzeuge bzw. Zugtypen mit folgenden Abmessungen werden eingesetzt:

Achtachsiger Doppeltriebwagen

- 28,43 m lang,
- 2,56 m breit,
- 3,37 m hoch.

Sechsachsiger Doppeltriebwagen

- 28,44 m lang,
- 2,51 m breit,
- 3,36 m hoch.

Achtachsiger Drei-Wagen-Zug

- 39,52 m lang,
- 2,48 m breit,
- 3,35 m hoch.

Zwölfachsiger Vier-Wagen-Zug

- 60,28 m lang,
- 2,58 m breit,
- 3,32 m hoch.

Der Fahrzeugpark umfaßt sowohl achtachsige und sechsachsige Doppeltriebwagen, als auch achtachsige Drei-Wagen-Züge und zwölfachsige Vier-Wagen-Züge. Sie werden jeweils zu drei bzw. vier Einheiten gekoppelt. Die eingesetzten Zuglängen sind abhängig von dem Fahrgastaufkommen.
Je nach Fahrzeugart besteht unterschiedliches Platzangebot. Die Doppeltriebwagen bieten 276 bzw. 258 Fahrgästen Platz. In dem Drei-Wagen-Zug finden 364 Fahrgäste Platz. Im Vier-Wagen-Zug reicht das Platzangebot für 554 Fahrgäste.
Der längste betriebsmäßig eingesetzte Zug kann aus 2 zwölfachsigen Vier-Wagen-Zügen bestehen. Seine Gesamtlänge beträgt 120,48 m und ist für 1108 Fahrgäste ausgelegt.
Die Wagen haben Mittelgang und Sitzbänke. Sie haben beidseitig zwei Doppeltüren für den Fahrgastbetrieb.

Fahrenergie:

Gleichstrom, Fahrspannung 750 Volt.

Fahrspur:

1435 mm Spurweite.
Gleiskörper mit Stahlkranz befahrbar.

Fahrgeschwindigkeit:

durchschnittlich 31,4 km/h.
Höchstgeschwindigkeit 80,0 km/h.

Bild 128 -
Gruppen-Fahrschein
für 5 Personen

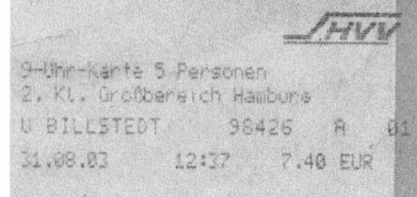

Bild 129 – Die Innenansicht eines Zuges der U-Bahn von Hamburg

Bild 130 und Bild 131 - Frontansichten verschiedener Wagentypen

Bild 132 - U-Bahnzug im Bahnhof Hauptbahnhof Nord

Bild 133 - Bahnhofsgestaltung der Bahnstation Hauptbahnhof Nord

3.50. Hannover

Das Nahverkehrssystem - Bahn - wird in Hannover „U-(Stadt-) Bahn" genannt.
Den Anforderungen entsprechend werden die Parameter eines Metro-Systems erfüllt.

Inbetriebnahme 1975

Der Streckenplan

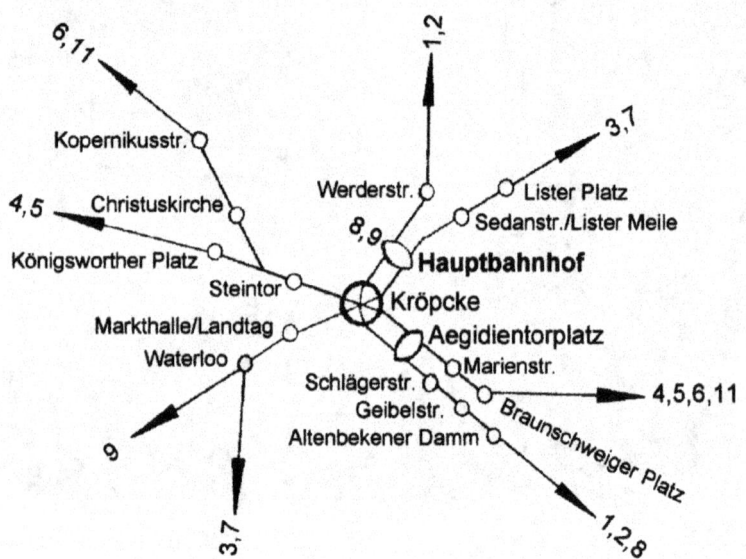

Bild 134 – Streckenplan des Tunnelabschnittes der U-(Stadt-) Bahn

Strecke und Stationen

- teilweise als Tunnelbahn,
- teilweise als Hochbahn,
- teilweise ebenerdig.

Bahnsteige:

- teilweise Mittelbahnsteige,
- teilweise Seitenbahnsteige.

Die Bahnsteige sind bis zu 9,00 m breit.

Bahnsteiglänge:

90 m.

Stationsentfernungen:

durchschnittlich etwa 530 m.

Technische Angaben

Fahrbetrieb:

Überwiegend automatisch, mit Triebwagenführer.

Fahrzeuge:

Achtachsige Gelenktriebwagen

- 28,28 m lang,
- 2,40 m breit,
- 3,30 m hoch.

Es werden in der Regel ein oder zwei Gelenktriebwagen gefahren.

Der längste betriebsmäßig eingesetzte Zug kann aus drei achtachsigen Gelenktriebwagen bestehen. Seine Gesamtlänge beträgt 84,84 m. Jeder Gelenktriebwagen bietet 150 Fahrgästen Platz. Somit ist der längste Zug für 450 Fahrgäste ausgelegt.
Die Wagen haben Mittelgang, Einzel- und Doppelsitze. Alle Gelenktriebwagen haben beidseitig fünf Doppeltüren für den Fahrgastbetrieb.

Fahrenergie:

Gleichstrom, Fahrspannung 600 Volt.

Fahrspur:

1435 mm Spurweite.
Gleiskörper mit Stahlkranz befahrbar.

Fahrgeschwindigkeit:

durchschnittlich 24,8 km/h.
Höchstgeschwindigkeit 80,0 km/h.

Bild 135 - Tagesfahrschein der U-(Stadt-) Bahn in Hannover

Bild 136 - Kunstvolle Gestaltung des U-Bahnhofes Sedanstr./Lister Meile

Bild 137 - Zugeinheit der Linie 2 im Bahnhof Altenbekener Damm

Bild 138 - Zugeinheit der Linie 3 im Bahnhof Hauptbahnhof

3.51. Harbin

Das Nahverkehrssystem - Bahn - wird in Harbin „Subway" genannt.

Inbetriebnahme 1992

Der Streckenplan

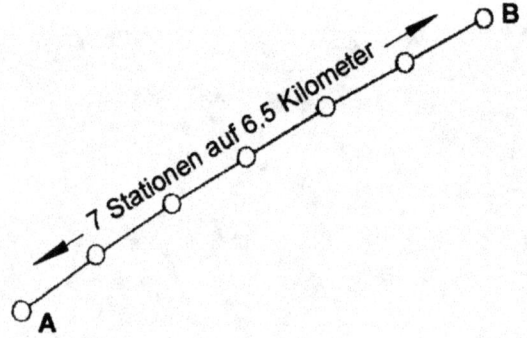

Bild 139 - Streckenplan der Subway von Harbin

Strecke und Stationen

Die Bahn fährt als Tunnelbahn.

Bahnsteige:

- teilweise Mittelbahnsteige,
- teilweise Seitenbahnsteige.

Bahnsteiglänge:

etwa 125 m.

Stationsentfernungen:

durchschnittlich etwa 1085 m.

Technische Angaben

Fahrbetrieb:

Überwiegend automatisch, mit Triebwagenführer und Zugbegleiter.

Fahrzeuge:

Es gibt Triebwagen und Motorwagen. Alle haben die gleichen Abmessungen. Diese sind:

- 19,00 m lang,
- 2,65 m breit,
- 3,51 m hoch.

Die kleinste Zugeinheit besteht aus zwei Triebwagen. Der längste betriebsmäßig eingesetzte Zug kann aus zwei Triebwagen und vier Motorwagen bestehen. Seine Gesamtlänge beträgt 114 m. In einem Wagen finden 180 Fahrgäste Platz. Somit können mit einer Zugeinheit, die aus zwei Triebwagen besteht 360 Fahrgäste und einer, die aus sechs Wagen besteht maximal 1080 Fahrgäste befördert werden.
Die Wagen haben Mittelgang, Quer- und Längssitze. Sie haben beidseitig drei Doppeltüren für den Fahrgastbetrieb.

Fahrenergie:

Gleichstrom, Fahrspannung 825 Volt.

Fahrspur:

1435 mm Spurweite.
Gleiskörper mit Stahlkranz befahrbar.

Fahrgeschwindigkeit:

durchschnittlich 34,0 km/h.
Höchstgeschwindigkeit 80,0 km/h.

3.52. Helsinki

Das Nahverkehrssystem - Bahn - wird in Helsinki „Metro" genannt.

Inbetriebnahme 1982

Der Streckenplan

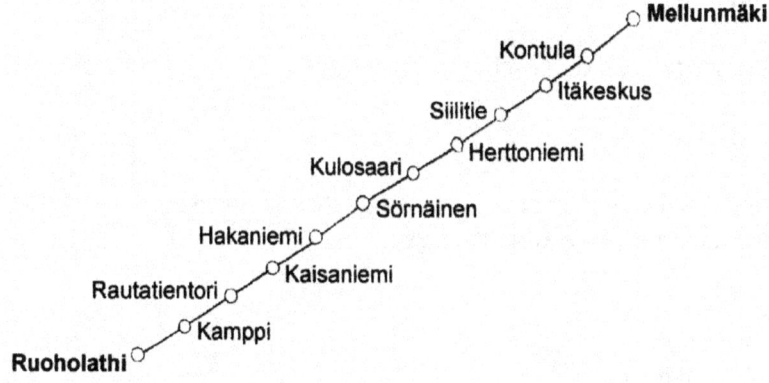

Bild 140 - Streckenplan der Metro von Helsinki

Strecke und Stationen

- teilweise als Tunnelbahn,
- teilweise in Hochlage,
- teilweise ebenerdig.

Bahnsteige:

- teilweise Mittelbahnsteige,
- teilweise Seitenbahnsteige.

Bahnsteiglänge:

Die Bahnsteige sind 135 m lang.

Stationsentfernungen:

durchschnittlich etwa 1550 m.

Technische Angaben

Fahrbetrieb:

Überwiegend automatisch, mit Triebwagenführer.

Fahrzeuge:

Doppeltriebwagen werden als Zugverband eingesetzt. Jeder Einzelwagen hat folgende Abmessungen:

- 21,50 m lang,
- 3,20 m breit,
- 3,70 m hoch.

Die kleinste betriebsmäßig eingesetzte Zugeinheit ist der Doppeltriebwagen. Er ist 43,00 m lang. Das Platzangebot in dieser Zugeinheit umfaßt 400 Plätze.
Der größte eingesetzte Zugverband besteht aus 3 Doppeltriebwagen. Dieser Zugverband hat eine Gesamtlänge von 129,00 m. Damit können insgesamt 1200 Fahrgäste befördert werden.
Die Wagen haben Mittelgang und Doppelsitze. Sie haben beidseitig drei Doppeltüren für den Fahrgastbetrieb.

Fahrenergie:

Gleichstrom, Fahrspannung 750 Volt.

Fahrspur:

1435 mm Spurweite.
Gleiskörper mit Stahlkranz befahrbar.

Fahrgeschwindigkeit:

durchschnittlich 43,0 km/h.
Höchstgeschwindigkeit 90,0 km/h.

Bild 141 – Zugausfahrt aus dem Bahnhof Kontula

3.53. Herne

Das Nahverkehrssystem - Bahn - wird in Herne „U-Bahn" genannt.

Inbetriebnahme 1979

Der Streckenplan

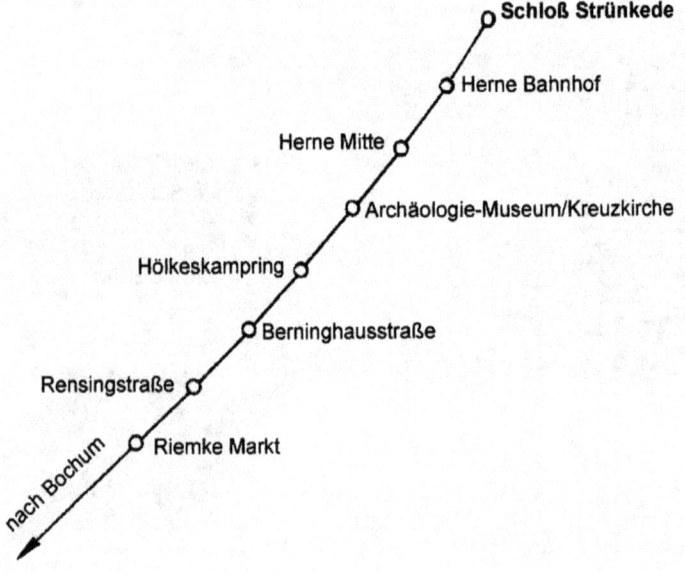

Bild 142 - Streckenplan der Stadtbahn/U-Bahn von Herne

Strecke und Stationen

Die Bahn fährt als Tunnelbahn.

Bahnsteige:

- teilweise Mittelbahnsteige,
- teilweise Seitenbahnsteige.

Bahnsteiglänge:

95 m.

Stationsentfernungen:

durchschnittlich etwa 900 m.

Technische Angaben

Fahrbetrieb:

Überwiegend automatisch, mit Triebwagenführer.

Fahrzeuge:

Zweirichtungs-Gelenktriebwagen

- 27,50 m lang,
- 2,65 m breit,
- 3,08 m hoch.

Jeder Gelenktriebwagen kann etwa 180 Fahrgäste aufnehmen. Bis zu drei Fahrzeuge können einen Zugverband bilden. Damit werden etwa 540 Fahrgäste befördert.
Die Wagen haben Mittelgang, Einzel- und Doppelsitze. Sie haben beidseitig vier Doppeltüren für den Fahrgastbetrieb.

Fahrenergie:

Gleichstrom, Fahrspannung 660 Volt.

Fahrspur:

1000 mm Spurweite.
Gleiskörper mit Stahlkranz befahrbar.

Fahrgeschwindigkeit:

durchschnittlich 32,0 km/h.
Höchstgeschwindigkeit 70,0 km/h.

Bild 143 - Wageninnengestaltung   Bild 144 - Frontansicht

Bild 145 - Zugeinheit aus 2 zweigliedrigen Gelenktriebwagen

3.54. Hiroshima

Das Nahverkehrssystem - Bahn - wird in Hiroshima „Astram Line" genannt.

Inbetriebnahme 1994

Der Streckenplan

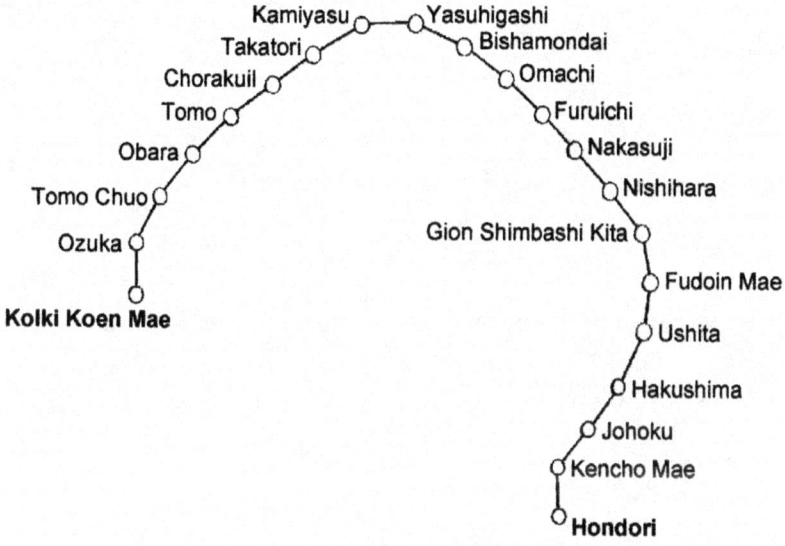

Bild 146 - Streckenplan der Astram Line von Hiroshima

Strecke und Stationen

- überwiegend in Hochlage,
- teilweise als Tunnelbahn.

Bahnsteige:

- teilweise Mittelbahnsteige,
- teilweise Seitenbahnsteige.

Bahnsteiglänge:

110 m.

Stationsentfernungen:

durchschnittlich etwa 875 m.

Technische Angaben

Fahrbetrieb:

Überwiegend automatisch, im Einmannbetrieb.

Fahrzeuge:

Es gibt Wagen mit Führerstand und Wagen ohne Führerstand.

Fahrzeugabmessungen:

- 16,00 m lang,
- 2,50 m breit,
- 3,50 m hoch.

Die Züge bestehen aus zwei bis sechs Wagen. Jeder Zug hat am Anfang und am Ende jeweils einen Wagen mit Führerstand.

Bei Zugeinheiten mit mehr als zwei Wagen werden dazwischen Wagen ohne Führerstand gekoppelt. Züge mit sechs Wagen bestehen aus zwei Teilzügen mit je drei Wagen.
Ein Zug mit sechs Wagen hat eine Gesamtlänge von 96,00 m.
Wagen mit Führerstand können 160 und Wagen ohne Führerstand können 165 Fahrgäste aufnehmen. Das bedeutet, daß in einem Sechs-Wagen-Zug 970 Fahrgäste Platz finden.
Die Wagen haben Mittelgang und sind mit Längs- und Quersitzen ausgestattet. Sie haben beidseitig zwei Doppeltüren für den Fahrgastbetrieb.

Fahrenergie:

Gleichstrom, Fahrspannung 750 Volt.

Fahrspur:

etwa 1200 mm Spurweite.
Fahrstreifen aus Stahlplatten mit gummibereiften Rädern befahrbar.
Spursicherung erfolgt über seitliche Führungsrollen.

Fahrgeschwindigkeit:

durchschnittlich 23,0 km/h.
Höchstgeschwindigkeit 60,0 km/h.

Bild 147 –
Frontansicht eines Zuges im Spurbereich

3.55. Hongkong

Das Nahverkehrssystem - Bahn - wird in Hongkong „Metro" genannt.

Inbetriebnahme 1979

Der Streckenplan

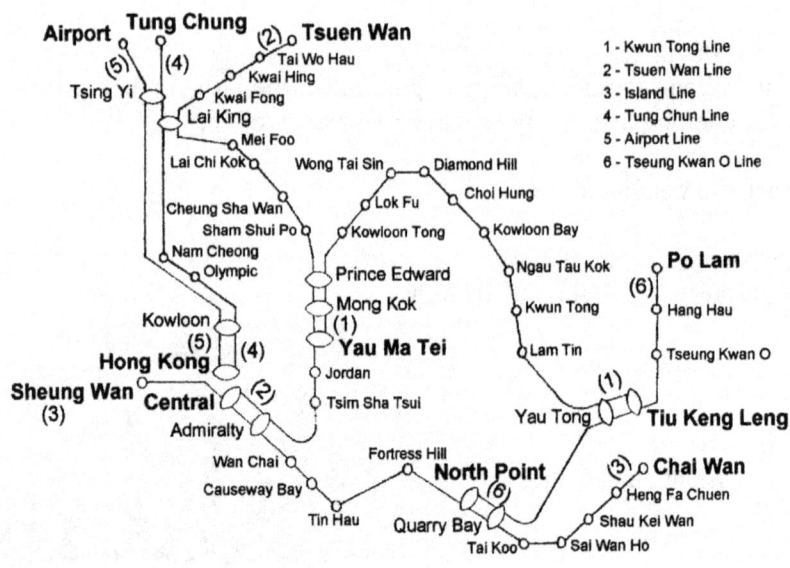

Bild 148 - Streckenplan der Metro von Hongkong

Strecke und Stationen

- überwiegend als Tunnelbahn,
- teilweise in Hochlage,
- teilweise ebenerdig.

Bahnsteige:

- teilweise Mittelbahnsteige,
- teilweise Seitenbahnsteige.

Bahnsteiglänge:

182 m.

Stationsentfernungen:

durchschnittlich etwa 1100 m.

Technische Angaben

Fahrbetrieb:

Überwiegend automatisch, im Einmannbetrieb.

Fahrzeuge:

Es gibt Wagen mit Führerstand und Wagen ohne Führerstand. Ihre Abmessungen sind:

Wagen mit Führerstand

- 22,85 m lang,
- 3,10 m breit
- 3,70 m hoch.

Wagen ohne Führerstand

- 22,00 m lang,
- 3,10 m breit,
- 3,70 m hoch.

Die Züge bestehen aus acht Wagen. Jeder Zug hat am Anfang und am Ende jeweils einen Wagen mit Führerstand. Dazwischen sind sechs Wagen ohne Führerstand gekoppelt. Ein solcher Zug hat eine Gesamtlänge von 177,70 m.
Wagen mit Führerstand und Wagen ohne Führerstand können gleichermaßen jeweils 375 Fahrgäste aufnehmen. Das bedeutet, daß in einem Acht-Wagen-Zug 3000 Fahrgäste Platz finden.
Die Wagen haben Mittelgang und Längssitze. Sie haben beidseitig fünf Doppeltüren für den Fahrgastbetrieb.

Fahrenergie:

Gleichstrom, Fahrspannung 1500 Volt.

Fahrspur:

1435 mm Spurweite.
Gleiskörper mit Stahlkranz befahrbar.

Fahrgeschwindigkeit:

durchschnittlich 33,0 km/h.
Höchstgeschwindigkeit 80,0 km/h.

Bild 149 - Ansicht eines Metrozuges in Hongkong

www.ingramcontent.com/pod-product-compliance
Lightning Source LLC
Chambersburg PA
CBHW051059230426
43667CB00013B/2360